遺言書は死んでも書くな

弁護士　額田洋一［著］

千倉書房

遺言書は死んでも書くな

目次

第I章 遺言書は死んでも書くな

第II章 遺言がなくても、相続は決着する

第Ⅲ章 それでも遺言書を書く

第Ⅳ章

遺言書を書くには

第V章 インタビュー

相続・遺言の基礎

コラム 遺言書の破棄と撤回

第Ⅰ章 遺言書は死んでも書くな

遺言書は死んでも書くな

大規模な自然災害の多発や、パンデミックを経験して、遺言書を書こうと思い立つ人が増えている。また、マスメディアで相続を取り上げられることも増え、遺言への関心が高まっているように思う。

しかし、遺言をしても争いが生じたり、遺言のゆえに争いが生じることもある。否、遺言をしたがために無用の争いを招くことの方が多いのではないか。弁護士は争いになった例しか見ていないとしても、である。少なくとも、相続人の納得という点では法律や裁判による決着の方がまだ得心が行くように思われる。

むしろ、遺言はするものではない。それが四十年弁護士をやってきた筆者の実感である。

例えば、妻（夫）に先立たれ、息子と娘がいるあなたが、大体均等に分けられると思って、「不動産は長男に、その余は長女に」という遺言をしたとする。しかし、これでは完全な平等にはならないし、長女は「不動産の方がよかった」と思うかも知れない。どういう遺言にしても、相続人の完全な満足は得られないのである。下手な遺言であれば、不満が残るだけではなく実際、裁判が勃発する。あとは、きょうだい（相続人）間の断絶である。

まだ、半信半疑な読者諸氏に具体例を示そう。（以下は、裁判例などにあらわれた事案に題材を得た創作である。紛争の本質部分には普遍性があるので、似たように感じられるケースがあったとしても全く無関係である。）

A氏のケース

A氏は、もと地方公務員で実直な人柄。言い方を変えると融通が利かないタイプ。退職後は年金生活で暮らしている。堅実な生活を送ってきたのでわりと早くから都内に自宅を所有していた。

A氏には長男と長女がいる。妻は10年ほど前に病気で亡くなっている。

長男は、大手企業の技術職についていたが、退職後は関連企業の技術顧問に就任。総領らしくどちらかというと鷹揚な性格である。他方、長女は専業主婦であり、性格は勝気な方である。人から頼られ、人のお世話をするのも得意なので、近所の人ともすぐに仲良くなり、その分、近所の人から仕入れた情報、世上によく通じている70代である。

長男は、結婚にあたり、自宅を離れて千葉県K市へ。長女は、結婚後、A氏の自宅の敷地内に別棟の自宅を建てて、家族（夫、子供）と生活をしている。

A氏は20年ほど前から膝を悪くしていたので、別棟の長女夫婦が食事を運ぶなどの世話をしていた。膝の手術を試みたが、あまり回復はせずに、床に伏すことも多くなっていた。

介護保険も活用して要介護1からスタートし、死亡する2年ほど前からは要介護5となっていた。軽度の認知症状もあり、遺言時（8年前）には要介護3となっている。

金銭管理はここ10年くらいは長女が行っていた。

A氏
長女
長男

葬儀は、質素に執り行われた。年齢も年齢であったので、近所の顔見知りや子供たちの知人が集まる程度であった。

そして四十九日の法要の際、長女が皆の前に差し出した。

「自宅は長女に、その余は長男に相続させる。」との**自筆証書遺言**であった。

A氏は、自宅（土地、建物）のほか、若干の株式と預貯金、そしてリゾートマンションを所有していた。つまり、自宅は長女に、その他の株式と預貯金、そしてリゾートマンションは長男に相続させる、ということになる。

リゾートマンションというと聞こえはいいが、バブル期にもてはやされた富士山麓の２ＬＤＫのマンションで、すでに築30年以上経っており、最近の相場は50万円程度。そこに管理費が毎月３万円発生する、いわゆる〝負動産〟である。

他方、都内にある自宅は土地70坪・２億円相当。人気のある住宅地の一角にあり、場所柄、値崩れが小さい。建物は古く、価値はない。

遺言を見た長男は、遺言書が父の真意によるものか疑問に思った。同居していた長女によると、長女の介護を評価しての遺言だという。納得できない長男は、形式違反を理由に遺言無効確認の訴えを起こした。

遺言が無効になれば改めて**遺産分割協議**をすることになる。有効と認められても遺留分の処理が残るが、長男の疑念や長女に対する不信感は晴れない。

自筆証書遺言

「自宅は長女に、その余は長男に相続させる。」

遺産

自宅土地建物（2億円）、株式、貯金、リゾートマンション（合計1000万円）

双方の主張

長女　私の20年にわたる介護に対する感謝の気持ちとして、自宅は私にくれる遺言をしてくれた。きょうだい仲がよくないことも心配して遺言をしてくれた。

長男　父は、かねてから遺産は平等にと言っていたので、このような遺言をするはずがない。20年の介護の対価としては高額に過ぎるし、介護保険もフルに利用していて、長女夫婦は大したことはしていない。

B氏のケース

B氏はもと教師。夫婦ともども長い間教師をしていた。定年退職した後は、夫の出身地である東海地方の小都市に居住している。亡くなる5年前から市内の介護施設に入所。年相応の衰えはあったが、見当識がなくなるほどではない。最後は要介護2。

遺産の土地は夫から相続したものである。

夫は、10年ほど前に死亡。

B氏には、長女と長男がいた。長女（姉）は、専業主婦であり、60代のしっかり者。近所づきあいも上手い。長男（弟）は、会社員で50台後半。そろそろ定年を考える年代である。洒脱で社交的。○○家の〝跡取り〟を自認している。

長女および長男は都内にそれぞれ在住。姉弟仲は特に悪くもなく普通の付き合いと言えよう。B氏が一人住まいになってからは、長女は月に1回程度、長男は年に2～3回の頻度で、B氏を訪ね、様子を見ていた。

そしてB氏は「私の遺産は全部長女に相続させる。祭祀主宰者に長男を指定する。」との**公正証書遺言**をした。なお「姉弟仲良く暮らして欲しい。」という付言があった。〝跡取り〟を自認していた長男は激怒。伝来の土地を承継できないばかりか、費用の裏付けもなく祭祀主宰者（→134頁）に指定されたことにも憤慨している。

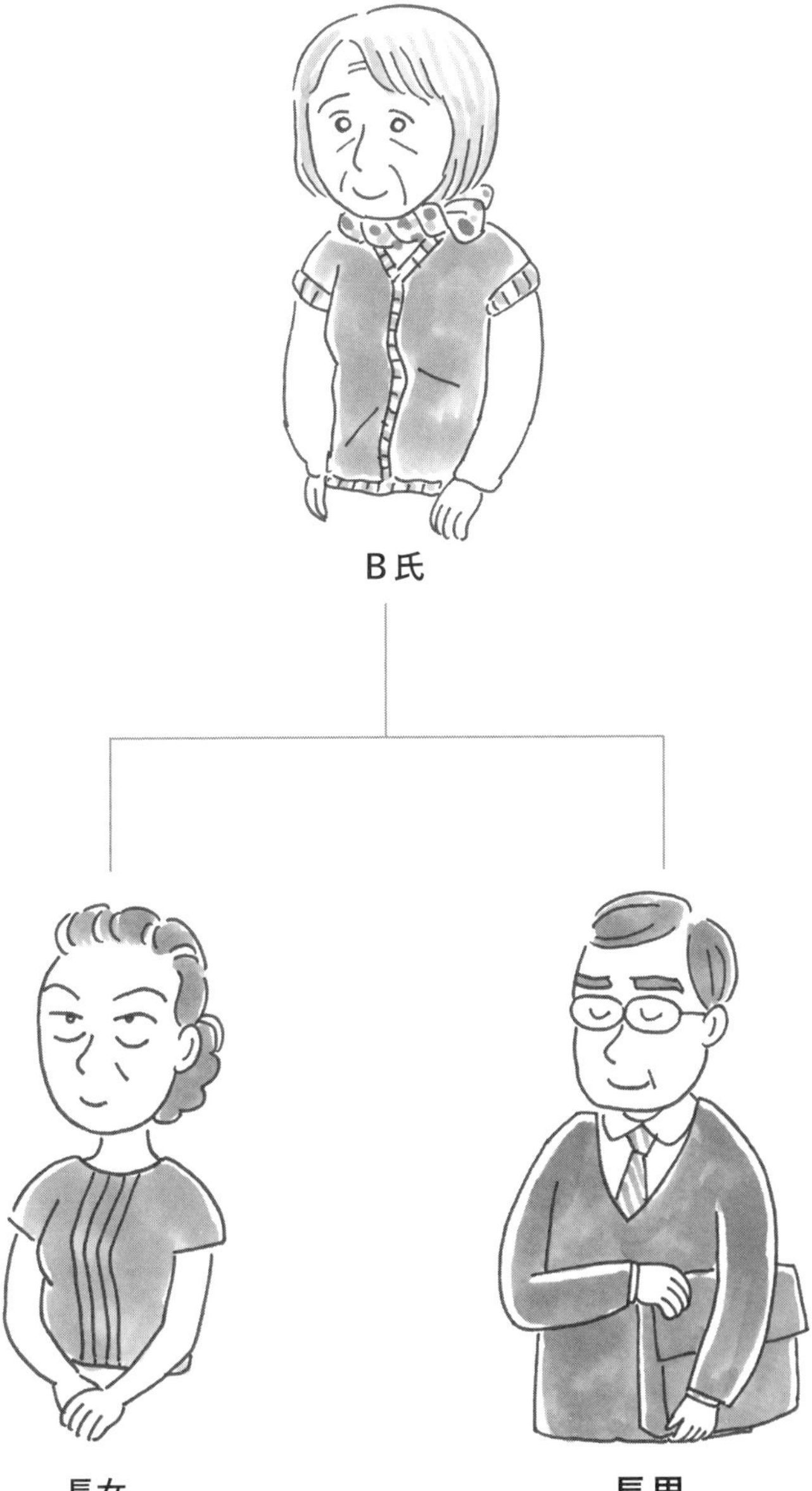
B氏
長女
長男

「姉弟仲良く暮して欲しい。」という付言も、長男の気持ちを逆なでしたようである。長女は**遺留分侵害額請求**（→148頁）には応じたものの、姉弟の関係は断絶した。

公正証書遺言

「私の遺産は全部長女に相続させる。祭祀主宰者に長男を指定する。」

遺産

土地二十数筆。地方にあり、市街化調整区域の雑木林と、農地から転用した雑種地。評価額は全部で１００万円程度。預金・投信は１０００万円。退職金は元気なうちは旅行など趣味に消費してしまったという。

双方の言い分

長女　遺品を整理していて本件遺言（正本）を発見した。遺言作成にはかかわっていない。母はかねて、「まったく、うちの長男はめったに顔を見せない」と愚痴っていた。

長男　私が書かせたというのは邪推だ。遺言は母の本心にまちがいない。こんな内容を母が思いつくことは無い。しかも付言を付けるアイデアなど、母は持ち合わせていない。遺言の証人も知らない人で、姉が書かせた遺言だ（はっきりした証拠はないが）。「姉に全部やる」が本心なら、「姉弟仲良く」もないものだ。また母は、先祖祀りは長男の私がしっかりやるように常々言っていたが、祭祀主宰者に指定されても、先祖祀りをする費用の裏付けがない（それ相応の遺産がついていていない）のは、本当にひどい話だ。

C氏のケース

C氏は、関東圏で農業を営んでいた。農地十数筆と自宅の土地建物のほか、アパートの土地建物を所有していたが、亡くなる5年前に「農業後継者である長男に全部相続させる。」という**公正証書遺言**をした。

C氏は米作りのほか、花卉栽培も行っていた。また都市化が進んだ一部の土地にはアパートを建てて貸していた。長男が実質的に後継者となって農業を切り盛りしている。C氏の性格は朴訥で、まさに農業一筋という農家の経営者である。死亡時は90代であった。妻はその数年前に他界。

長男は、現在、70代である。高校卒業後はC氏のもとで農業に従事、実質的に切り盛りしてきた。性格は楽天的な面があるが人柄も温和で父に似た性格である。その息子つまりC氏の孫もいまでは40代。農業を承継する予定で手伝い、離農する農家の土地を借りて耕作も行っている。

C氏には、他に長女（70代）と二女（60代）がいて、いずれも結婚してパート勤務をしている。

長女と二女は遺留分侵害額請求をした。

これに対して長男は相当の期限の許与を求めたが（民法1047条5項）、金策の目処は立っていない。

宅地を売れば、相続税に加えて譲渡所得税・住民税がかかり、二重の負担になる。

C氏　農業
二女
長女
長男

公正証書遺言

「農業後継者である長男に全部相続させる。」

遺産

農地十数筆と自宅の土地建物のほか、アパートの土地建物を所有。評価額は合計で約8000万円

各々の言い分

長男　農家の長男が家産を全部相続するのは当然。遺留分など払えず「C家」をつぶす気か。

長女・二女　近隣に住んでいて農家の事情、農業を引き継ぐことはそれなりの苦労もあることはよく理解しているが、しかし、遺産がまったくもらえないのは不満だ。

D氏のケース

D氏は都内で商店を経営していた。働き者で商才もあるし、人付き合いも良いので店はいつも繁盛していた。自宅の土地建物のほか多額の預金、株式を有していたが、妻の老後を心配して「**妻に全部相続させる。**」という**自筆証書遺言**を残した。「**妻の老後のためにこの遺言をする。**」との付言があった。

相続人は妻と、長男（後継者）、長女そして二女の4人。

妻は若い頃はD氏とともに商売に励んでいたが、経営が安定すると商売には関与せず、趣味の茶道に励み、茶道師範となる。D氏と同じく社交的だが我がままな性格のため、子どもらも、ややもてあまし気味だった。子どもらの仲はよい。

遺産としては、自宅兼商店の土地・建物（合計1億円）があった。50坪ほどであるが、最寄駅から7分以内の優良物件である。その他、預金3000万円、株5000万円。

この遺言に、妻は長年苦楽を共にした自分が全部相続するのが当然という。子どもらもD氏の思いを尊重し、また、いずれ残りは自分たちが相続するという考えもあって、そのまま遺言に従った。

数年後、妻が亡くなったときには預金や株式等はほぼゼロであった。友人との船旅や茶道につぎ込んだようで、あとには大量の茶道具と土産品が残された。価値はなさそうである。

自筆証書遺言

「妻に全部相続させる。」

遺産

自宅兼商店の土地建物（1億円）、貯金（3000万円）、株（5000万円）

問題の要因

高齢の配偶者に全遺産を相続させた。

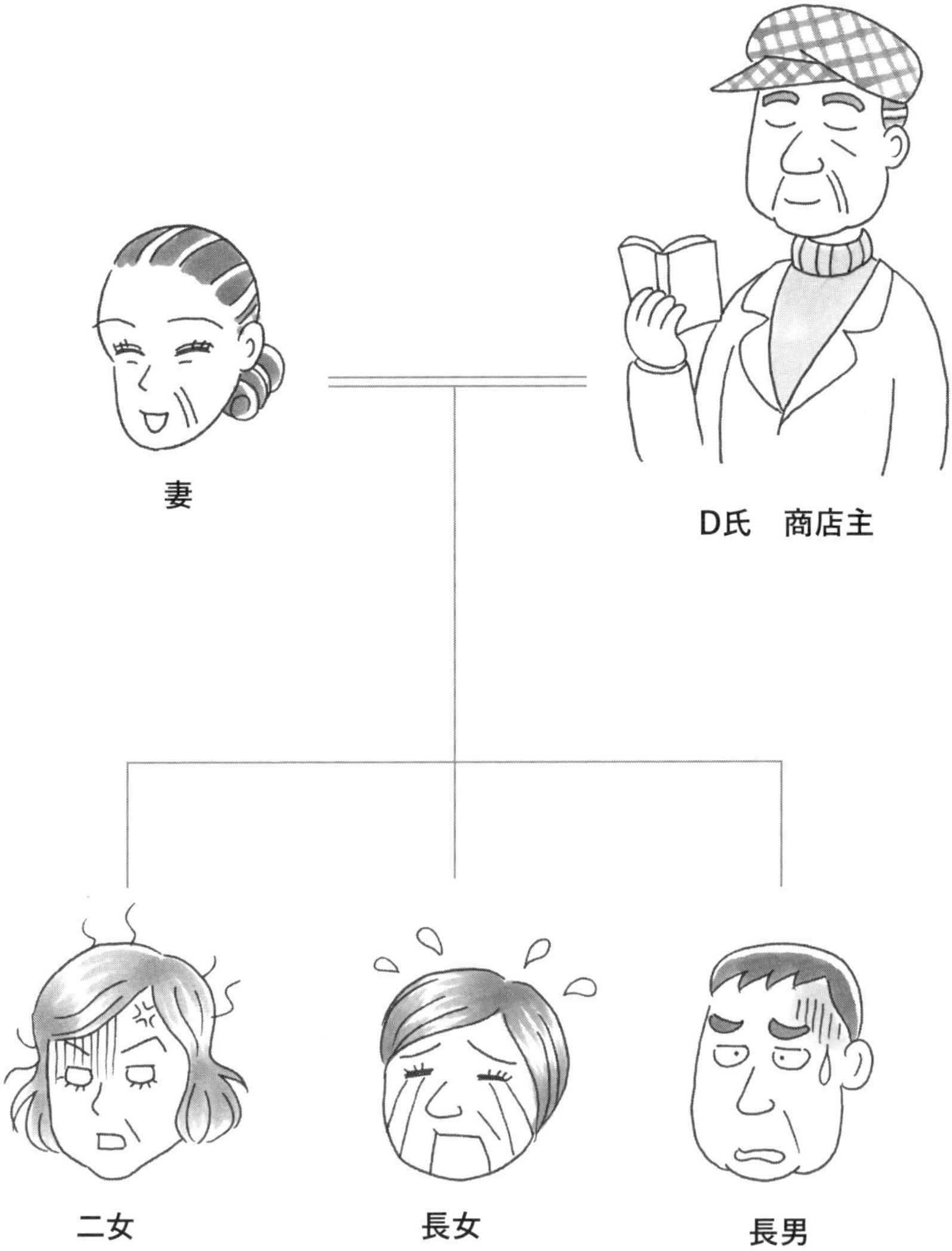
妻
D氏　商店主
二女
長女
長男

遺産は
趣味に
散財・・・
妻
おとーさんがたくさん
遺してくれて・・・

E氏のケース

E氏は、「全財産を長男に相続させる。ただし、長男は母の生活の面倒をみること。」という**公正証書遺言**をした。

E氏は元開業医。温厚な性格で、地元のかかりつけ医として頼りにされていた。しかし、高齢のため数年前には廃院した。

E氏の妻も、元勤務医であった。最近では軽度の認知症の傾向がみられる。ADLは概ね自立しており、家事等は有料のヘルパーさんがきてくれてお世話をしてくれているのでホームなどに入ることも今現在は必要ない。妻にも医師時代の蓄えが5000万円ほどある。

長男は会社員である。長男の妻とE氏の妻とは折り合いが悪く、E氏夫妻とは別居していた。長男は、母は軽度の認知症ではあるが、概ね自立しており、身体的な介護状態の必要はなく、定期的に訪問しているので母の健康状態は把握している。また、介護保険も活用し有料のヘルパーさんにも来てもらっていて「面倒」は見ていると主張。経済的には預金5000万円があり援助の必要はない。今後、さらに支援が必要になれば、もっと母の「面倒」を見ていくつもりである、と主張している。

他方、長女は現役の薬剤師である。母は高齢であるから、同居して世話をしないと「面倒」を見ているとは言えない。
母との折り合いが悪い長男の妻は同居を拒否しているのだから、将来的にも同居による「面倒見」がなされる可能性はない、と主張して負担付遺贈の取消し（民法１０２７条）を家庭裁判所に請求した。

公正証書遺言

「全財産を長男に相続させる。ただし、長男は母の生活の面倒をみること。」

遺産

（元）医院兼自宅の土地建物（１億円）、預金２０００万円（廃院時に医療機器等の借金を返済したため減少）

双方の主張

長女　長男による母への「面倒見」が十分でなく「負担」が果たされていない。
長男　面倒は見ているし、これからも要求があれば適切な「世話」をする。

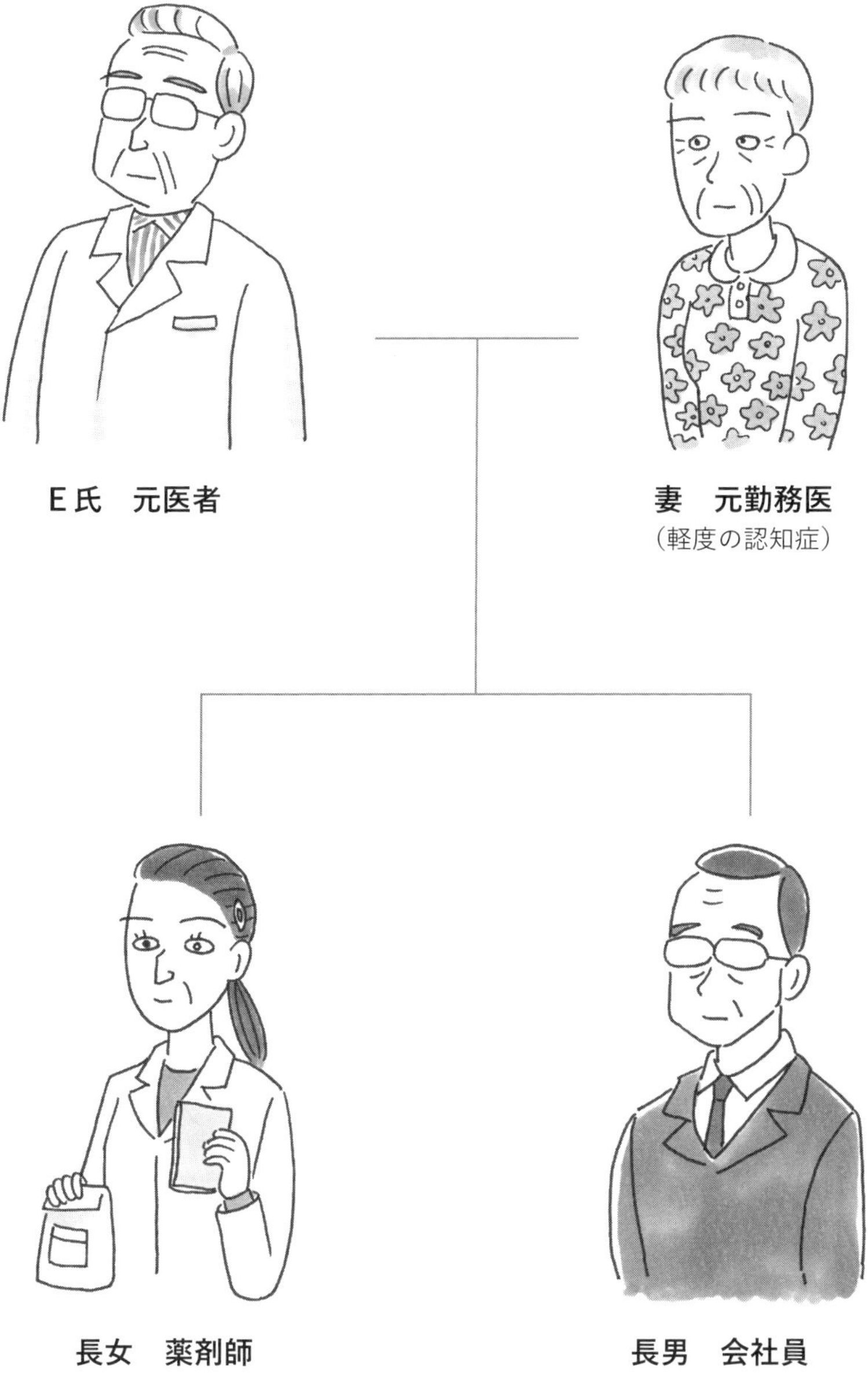
E氏　元医者
妻　元勤務医
（軽度の認知症）
長女　薬剤師
長男　会社員

F氏のケース

F氏は、東京区内居住で農業を営んでいた。妻とはすでに死別している。農業をやめた後、農地を転用して、駐車場を経営していた。死亡時80代。

F氏は、甲・乙の2区画の土地（それぞれ、数筆の土地からなっている）を所有していた。甲・乙とも駐車場だが、スーパー等の大型店舗用地として、かねてから引き合いがあった土地である。F氏は常々遺産は長女・二女が平等に相続するよう、無用な争いが生じないよう願っていた。そこで所有する甲・乙2区画が大体同価値と判断して、「甲は長女に、乙は二女に相続させる。」という**公正証書遺言**をした。

ところがその後、近くに道路が開通して車や人の流れが大きく変わったため、地価が次のように変動した。

甲土地　2億⇒4億

乙土地　2億⇒1億

甲の土地は4億円と値上がりし、他方乙の土地は1億円に値下がりしたのである。

その時点ではF氏は認知症となり、遺言書を書き換えることができる状況にはなかった。

相続が開始し、二女は遺留分侵害額請求をしたが、それでも本来の相続分（法定相続分）には足りず、不満が鬱積している。

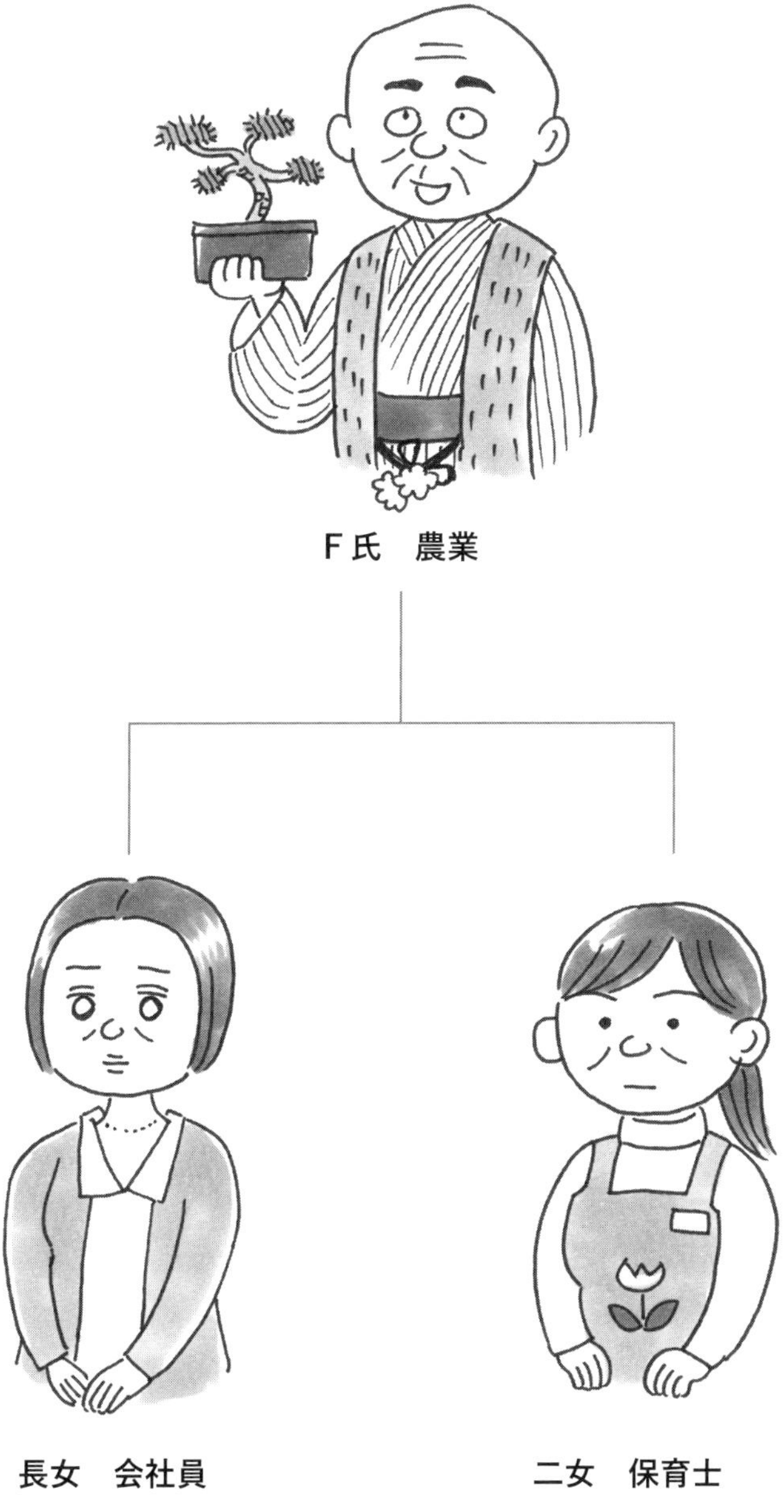
F氏　農業
長女　会社員
二女　保育士

甲と乙の土地を合計すると5億円なので、本来、遺言書がなければ法定相続分は2分の1ずつの2億5千万円となるはずであった。

遺留分は、この場合、遺産×遺留分割合×法定相続分なので、5億円×1／2×1／2＝1億2500万円となってしまう。

長女は会社員、二女は保育士で、ともに50代。

もともと姉妹間の仲はよかったが、相続開始後はわだかまりが生じたままである。

公正証書遺言

「甲（土地）は長女に、乙（土地）は二女に相続させる。」

遺産

甲・乙の2区画の土地（それぞれ、数筆の土地からなっている）

評価額は合計で遺言時4億円、現在5億円。

紛争の要因

遺言対象の土地の価格が大きく変動したため、不平等を生じてしまった。

G氏のケース

Ｇ氏のケースは、まさに「認知機能の衰え」あるいは「認知症」と「遺言」という現代の大きな問題が生じる事例である。

Ｇ氏の生い立ちであるが、女子大卒で、卒業とともに夫（会社員）と結婚し、そのまま専業主婦となる。プライドが高い半面、やや被害妄想的な面を持ち合わせている。

後日、ちょっとした行き違いから長男の妻が自分を邪魔者扱いしていると思い込むことにもなる。

Ｇ氏には二人の息子（長男・二男）がいる。数年前に亡くなった夫の相続の際には、自分が全部相続すると主張し、二人の息子も納得したうえで、Ｇ氏が遺産の全部を取得する遺産分割協議を成立させた。

夫の遺産は、近畿圏のベッドタウンの自宅土地建物（６０００万円）、預金３０００万円、有価証券１０００万円であった。

長男は、会社員で温厚な性格であり、責任感も強い。家を重んじ、家の後継ぎ意識が強い。

二男は、長男より3歳年下で、雑貨輸入会社など数社を経営したが、いずれも倒産している。現在は配送のアルバイトをしている。兄に対する対抗心が強い。愛嬌があり、人当たりがよいので、人好きのするタイプである。

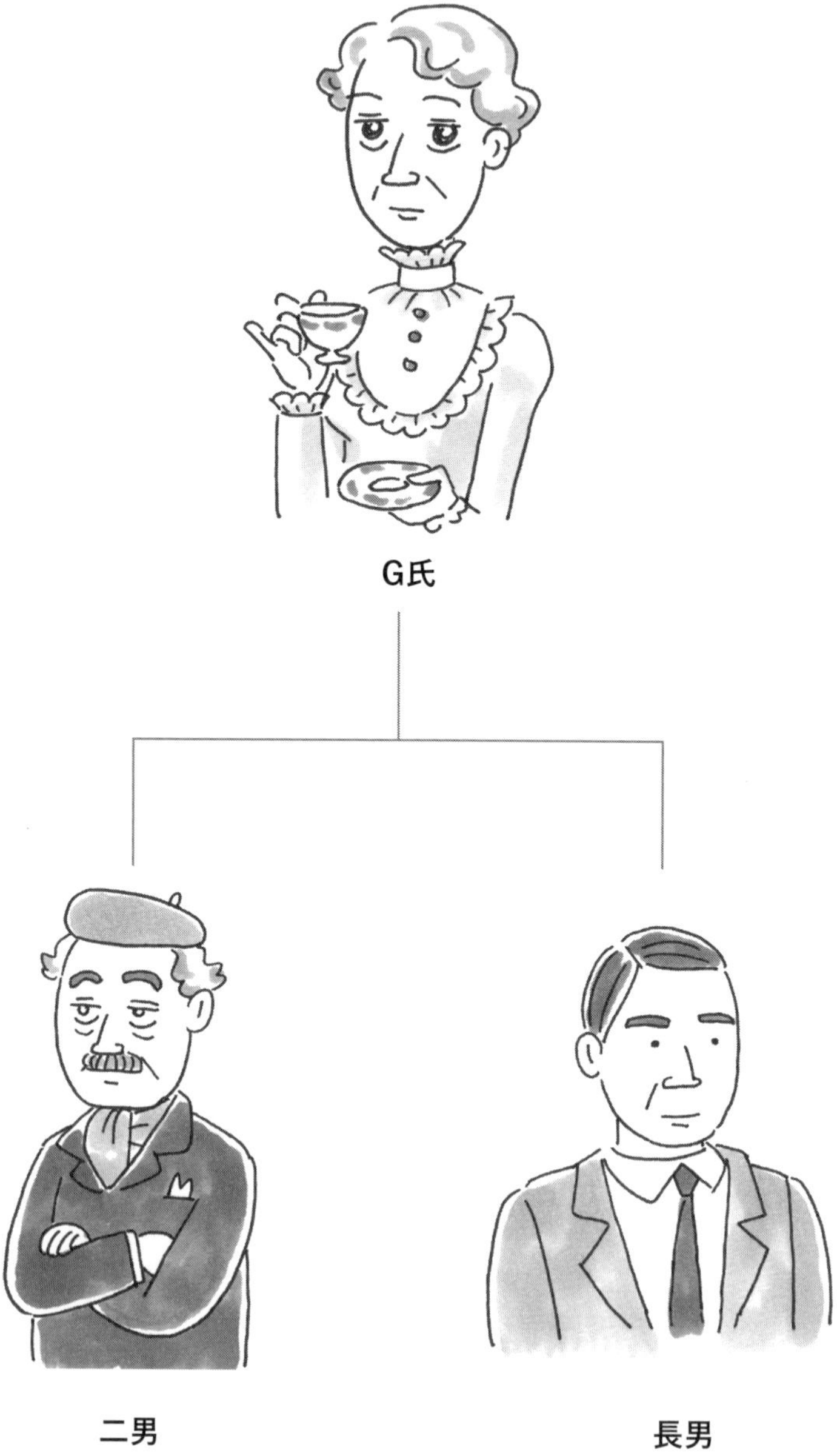
G氏
二男
長男

　G氏は長男夫婦と同居し、長らく長男夫婦が世話をしていたが、認知症が重くなり介護が負担になってきた長男はG氏に施設への入所を勧めた。当時、G氏も納得して、介護施設に入所したのだが、しばらくするとG氏は「長男が施設へ入れた」と不満を言うようになった。

　そして、G氏が87歳で亡くなったとき、「二男に全部相続させる。」という**公正証書遺言**が出てきたのである。

　長男夫婦は、それまでG氏と同居し、G氏を支えてきた半生はなんだったのか、と憤懣やるかたない。

公正証書遺言

「二男に全部相続させる。」

遺産

自宅土地建物（6000万円、長男夫婦が居住中）、貯金3000万円、有価証券1000万円

双方の言い分

長男　弟が母に取り入って書かせた遺言だと思う。

二男　私の将来を心配して母が遺言してくれた。

えっ!?
二男にゼンぶ…
!?
ガーン

H氏のケース

H氏は、都内で商店を経営していた。商店街の世話役で多趣味の粋人で、特に自動車マニアであった。70歳を過ぎてもスポーツカーを乗り回していたほどである。

資産としては、父から相続した2億円相当の店舗兼自宅に200万円ほどの自動車1台があった。

他方、相続債務として借入金1億円と（運転資金。自宅兼店舗に抵当権設定あり）、証券運用の失敗により証券会社に負債5千万円の借入があった。

H氏には、相続人としての長女（ピアノ教師）と長男（ポスドク）がいるが、二人ともH氏の商店には興味がなく、商店を継ぐつもりがなかった。また、H氏とはそれぞれ別居していた。

H氏が亡くなって数日後、遺言執行者と名乗る弁護士から、公正証書遺言の写しが送られてきた。商店を手伝っていた甥（H氏の妹の子）に「店舗兼自宅の土地建物を遺贈する。」という内容だった。通知を受け取った長女と長男は、激しい怒りを覚えた。

長女、長男は遺留分侵害額請求をした（＊）。しかし、甥にそれを支払う能力はない。つまり現金がないのである。支払のためには店舗兼自宅を任意売却する必要があるが、売却すると店を承継させようとしたH氏の遺言は無意味になる。

H氏
長女
長男

さらに銀行からの借入金1億円と、証券運用の失敗による証券会社の負債5千万円、合計1億5千万円の負債は、長女・長男が承継（負担）することになる。

これについては甥が承継するわけではない。

また、甥に承継させると書いてある自宅兼店舗には銀行のために抵当権が付されていて、抵当分は支払わなければ甥が遺贈を受けた土地建物が競売にかけられるだけだが（＊＊）、証券会社の方は、支払わなければ自分たちが差押えを受けるおそれがある。

遺言さえしなければ、店舗兼自宅を任意売却して負債を処理できたのに、と長女・長男は怒り心頭。以後、裁判となる。

（＊）　長女、長男の遺留分および遺留分侵害額は、それぞれ次のとおり。

遺留分額

（2億円＋200万円－1億5000万円）×1／2×1／2＝1300万円

遺留分侵害額

1300万円－（200万円×1／2）＋（1億5000万円×1／2）＝8700万円

（＊＊）　長女、長男が相続債務を弁済しないため競売で売却されたら、甥は自分の財産（遺贈を受けた不動産）で他人の債務を弁済したことになるので、長女・長男に対し求償権を取得し、右の遺留分侵害額と対当額で相殺することができる。あるいは、消滅した債務の範囲で遺留分侵害額請求権の消滅を請求できる（民法1047条3項）。

公正証書遺言

「店舗兼自宅の土地建物を○○（甥）に遺贈する。」

遺産

店舗兼自宅（2億円）、中古自動車1台（200万円）、負債1億5000万円

紛争の要因

多額の負債があるのに店舗兼自宅を甥に遺贈したため、相続人は遺産を取得できないばかりか、負債の請求を受けることになった。

Column

遺贈と遺言の違い

遺贈とは、遺言で、遺産を分け与えること。

「甲土地をAに遺贈する」、「長男Bの相続分を、五分の二と定める」、「Cを認知する」など、それぞれが「遺言」であり、遺言が記載された書面が「遺言書」である。遺言書の記載内容の総体を「遺言」と表現することもある。ただし、法律上「遺言」は最終的に書面化されることが要求されているので、文章や会話のなかでは「遺言」と「遺言書」が混用されることはある。

また、「相続させる遺言」は特定遺贈と同様に扱われるので、後述の「補充遺贈」（↓158頁）に相当するものは「補充遺言」と呼ばれる。

遺贈と遺言（書）の違いをイメージすると次のとおり。

遺言書

1　甲土地を、友人のAに**遺贈**する。
2　長男Bの相続分を、五分の二と定める。
3　Cを認知する。

２０２３年１月１日

遺言者　甲　野　太　郎　㊞

I氏のケース

I氏は長年、個人でラーメン店を営んでおり、繁盛してからは2号店も出し、人柄もよくお客さんからも慕われていた。だが、亡くなる10年ほど前に妻と死別すると、やる気が失せ、ほどなくして店をたたんだ。

I氏は、廃業してすぐに、「甲土地を長女に相続させる。乙土地を含むその余の財産はすべて二女に相続させる。」という**公正証書遺言**をした。

その後、認知症が徐々に進み、後見が開始して成年後見人がついた。遺言の存在を知らない成年後見人は、更地となっていた甲土地を売却して、その代金でI氏に高級有料老人ホームへ入ってもらった。

ところで、娘二人とI氏の関係だが、長女および二女はいずれも独立して遠方に住んでいたので、I氏との交流は薄かった。また、I氏はラーメン店を営んでいた際にできた友人らと親しくしていて、I氏の衰えを心配した友人らが成年後見制度をI氏に勧めたのだった。

遺産としては、甲土地（3000万円）、乙土地と同地上の建物（あわせて3000万円）。ほかに年金受取り用の普通預金があったが、残高はほぼゼロであった。

I氏の死後、二女は公証役場でI氏の遺言を確認。遺言に基づき乙土地について相続を原因とす

I氏
二女
長女

る所有権移転登記をした。他方、甲土地の方は成年後見人が売却していたので、長女には何も残らないという結果になり、長女は不満を募らせた。

以後は裁判の経緯である。

長女は、①成年後見人による甲土地の売却は「抵触行為」（民法１０２３条2項）（→161頁）であたるので遺言全部が無効になる、②仮にそうでないとしても民法９９９条1項の類推適用により売買代金を遺言の目的としたことになり、二女はその支払義務を負うと主張して、主位的に遺言の無効確認、予備的に代金相当額の支払を求める訴えを起こした。裁判所は、①遺言者本人が処分したのではないから民法１０２３条2項の適用外であり、遺言者本人が処分した場合でも遺言全体が撤回されたものとは見なされない。②代金はすでに支払われているので民法９９９条1項の類推適用の余地はないとして、これを退けた。長女の敗訴が確定したときは、すでに遺留分侵害額請求の行使期限（1年。民法１０４８条）を過ぎていた。

公正証書遺言

「甲土地を長女に相続させる。乙の土地を含むその余の財産はすべて二女に相続させる。」

遺産

甲土地（3000万円）、乙土地と建物（3000万円）

紛争の要因

成年後見人が遺言の対象（甲土地）を売却した。

遺言の弱点

では、なぜこのような困った事態に陥ってしまったのか。失敗の原因—遺言の弱点を考えてみよう。

遺言は、必ず不満が残る

まず、遺言には、必ず不満が残る、ということである。理由を見てみよう。

第一に、遺言は、どのような書き方（遺産の分け方）をしても、「完全な平等」は実現できない。本来、平等だと思っているきょうだい間では、必ず不満や軋轢を生む。否、**不平等を生み出すのが遺言の機能、目的なのである。**逆に言えば、敢えて不平等としたいとき、あるいは不平等による軋轢を生じさせても、なお遺言をする必要があるときに、遺言をする意味がある、ということである。

次に、遺言者の思いと相続人の思いにはズレがある。遺言者が長男には不動産を残すがよいと考えても長男は現金を望んでいるかも知れない。後から考えが変わるかも知れない。夫婦、親子といえども人の考えは分からない。

第三に、遺言では〝決められた〟感が残る。遺言がなければ、相続人間で遺産分割協議をし、まとまらなければ調停、審判となるが、そこでは自分の言い分を述べ、最終的には裁判所が判断する（審判）。争いとなっても言いたいことを言い、それに基づき第三者（裁判所）が判定するほうが、権利意識の高まった現代では、人（遺言者）に決められた結果よりも納得性が高いのではないだろうか。

事情変更に対応できない

遺言は相続開始時、すなわち遺言者が亡くなったときに効力を生じるため、遺言時とタイムラグを生じる。この間にバブルがはじけるとか災害や大不況が発生するなどの事情変更があった場合（例えばF氏のケース）、事情変更に適切に対応する手段が組み込まれていない。目的物が消失（焼失）したり、遺言者が意識せずに（あるいは遺言者の後見人が遺言の存在を知らずに）処分してしまうこともある（I氏のケース）。

もちろん、遺言書を書き換えることは自由だが、書き換えようとするとき、遺言者に「遺言能力」（遺言のなんたるかを理解できるだけの判断能力）がなければ、新しい遺言をすることができない。遺言書が効力を生じたときは、遺言者が予想もしなかった事態になっていることもあり得るが、そのときは、もはや遺言者の真意を知ることはできない。

遺言に過大な期待はできない

遺言の機能は、基本的には、遺産の処分であって、それ以上でも以下でもない。相続後の遺産の行方をコントロールすることはできないので、遺言者が期待したような遺産の利用がなされるとは限らない（D氏のケース）。特に、配偶者に全部相続させた場合、〝人生100年〟といわれる現代では、加齢に伴う判断力の低下により財産散逸のリスクが出てくる。配偶者と子どもらで2分の1ずつという民法の規定は、案外、よく考えられた原則だと思う。

他方、基本は遺産の処分であるから、遺言にそれ以上の機能、役割を持たせようとしても限界がある（E氏のケース）。

「書かされ遺言」に防御策がない

相続人などから求められて書く遺言を筆者は「**書かされ遺言**」と呼んでいるが、書かされ遺言は絶対にするものではない。遺言を書いてくれという相続人は、他の相続人を出し抜こうとしているので、求められるままに遺言を書くと、必ず紛糾する。

高齢者の財産管理や財産の承継を考えるうえで、シェイクスピアの『リア王』は必読とされる。その読み方はいろいろあろうが、私は、耳によい相続人のささやきを聞き入れてはならないという教訓だと思う。

遺言を書くに至った事情は遺言の効力に影響を与えない。そのような事情は相続ではまったく考慮されない。いったん遺言書を作ったら、正式に撤回したり、異なる遺言をしない限り、内心後悔していても、遺言書は有効なものと扱われる。書いてくれと言った相続人の意図に気がついたときは、すでに時遅し。心身の衰えで新たな遺言を作成できない状態になっていても、〝遺言有効解釈の原則〟（＊）によって徹頭徹尾に有効な方へ解釈されるのである。

（＊）遺言は遺言者の最終的な意思の表明であるから、できるだけ、有効と解釈しようという原則。

そして、憾みは遺言者へ向かう

遺言書によって不利益を受けることになった相続人は、「なぜ、父さん（母さん）は、あんなバカな遺言をしたのか」「そんなに私を嫌っていたのか」と、憾みは、あなた（遺言者）へ向かうことになる。

相続についてあれこれ悩んでいるあなた、死んだ後のことまで心配するのはおやめなさい。子どもから遺言書を書けと迫られているあなた、その子は抜けがけしようとしているので、絶対にいうことを聞いてはいけない。

犬神佐兵衛翁の遺言（横溝正史『犬神家の一族』）は小説のうえでの話としても、遺言書を書いてロクないことにならない。〝遺言書は死んでも書くな〟、である。

第Ⅱ章

遺言がなくても、相続は決着する

遺言がない場合は、民法の原則規定で解決する。遺言がなければ相続が解決されない、ということはない。

民法の原則

民法の原則規定によれば、どうなるのか。簡単にみておこう。

被相続人Aの遺産（財産）が自宅土地建物3000万円、預貯金その他1000万円（合計4000万円）とする。Aが亡くなった場合

法定相続分（↓136頁）は、配偶者1／2、子どもが1／2で子どもの間では頭割だから

B（配偶者）　1／2（2000万円）

C・D（子）　それぞれ1／2×1／2＝1／4（1000万円）

となる（図表2－1）。

もし、Cが先に亡くなっていたら、Cの分はその子E（Aの孫）が相続する（代襲相続↓131頁。これとは逆に、被相続人Aが亡くなり、その後にCが亡くなったら、Cの分はその配偶者Fと子Eが相続する。相続では〝順番〟が大事になる）。

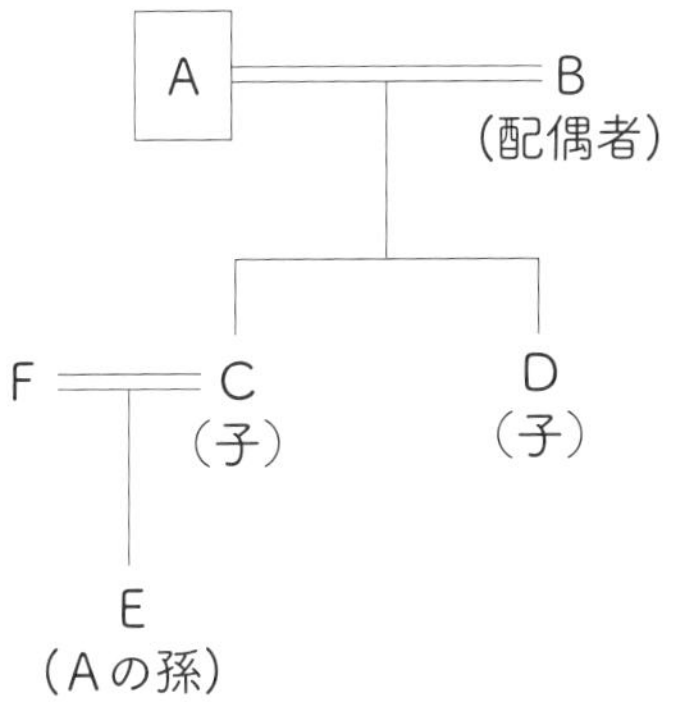

被相続人の遺産

自宅土地建物	3,000万円
預貯金	1,000万円
合計	4,000万円

この金額割合に見合うように、上記遺産を分ける。配偶者Bが自宅土地建物（3000万円）を全部相続するとBの相続分を超えるので、一部をCらと共有にするか、代償金（1000万円）を支払う。もちろん、C・Dが我慢して預貯金等だけで納得するなら、それはそれでよい。

Bのため配偶者居住権（↓150頁）を設定し、それが1500万円と評価されるなら、Bは配偶者居住権（1500万円）と預貯金等のうち500万円を取得し、C・Dは、配偶者居住権の負担のついた土地建物（3000万円－1500万円＝1500万円）と預貯金等の残り500万円（合計2000万円。これらを等分する）を取得する、という分割もできる（図表2－2）。

いずれも、相続人（上記3人）間の協議（遺産分割協議↓142頁）で決める。協議がまとまらなければ、調停・審判になる。

もし、Cが結婚に際して「持参金」としてAから1200万円（☆）（特別受益↓138頁）をもらっていたとする。この場合、1200万円（☆）は遺産の先渡しと見なされ、各人の相続分（具体的相続分）は図表2－3のようになる。

同図表の下線金額に見合うよう、自宅土地建物と預貯金等を配分する（このケースだとCは遺産からの取得は100万円にとどまるが、持参金を考慮した実質でみれば、C・Dは1300万円ずつで、平等になっている）。

図表2-1

B 4,000万円×1/2=2,000万円

C　〃　×1/4=1,000万円

D　〃　×1/4=1,000万円

図表2-2

B1,500万円+500万円=2000万円

C(3,000万円−1,500万円+500万円)×1/2=1,000万円

D(3,000万円−1,500万円+500万円)×1/2=1,000万円

図表2-3

B(3,000万円+1,000万円+1,200万円☆)×1/2=<u>2,600万円</u>

C(3,000万円+1,000万円+1,200万円☆)×1/4−1,200万円☆=<u>100万円</u>

D(3,000万円+1,000万円+1,200万円☆)×1/4=<u>1,300万円</u>

図表2-4

B(3,000万円+1,000万円−800万円★)×1/2=<u>1,600万円</u>

C(3,000万円+1,000万円−800万円★)×1/4=　<u>800万円</u>

D(3,000万円+1,000万円−800万円★)×1/4+　800万円★=<u>1,600万円</u>

Aが個人で事業をやっていてDが手伝い、それによってAの遺産（財産）が８００万円（★）（寄与分→140頁）増えたとする。この場合、Dに当該増加分８００万円（★）の先取りを認め、各人の相続分（具体的相続分）は図表２－４のようになる。

同図表の下線金額に見合うよう、自宅土地建物と預貯金等を配分する。

第Ⅰ章の各ケースを具体的に見てみよう

A氏のケース

相続人は長男と長女で、**法定相続分**（↓136頁）は2分の1ずつである。遺産である自宅土地・建物、リゾートマンション、株式・預貯金を価値的に2分の1ずつになるように分ける。これが原則である。価値として大部分を占めるのは自宅の土地であるから、この土地は現実に分割（分筆）することになろう。一方が全部取得して差額を現金で清算する方法もあるが、キャッシュがなければ無理である。A氏の遺言が有効になされても遺留分侵害額請求がなされ、キャッシュでの清算が必要になるが、支払能力がなければ長女は土地の一部を売却するほかなくなる。

長女の介護による貢献は**寄与分**（↓140頁）として評価される。上記の2分の1ずつという原則を寄与分の分だけ修正する。遺産全体から寄与分を控除し、残りを半分にして長女に寄与分を加算する。

例えば、遺産増額が2億1000万円、長女の寄与分が3000万円と評価されたら

長女（2億1000万円－3000万円）×1／2＋3000万円＝1億2000万円

長男（2億1000万円－3000万円）×1／2　　　　＝9000万円

となり、この金額の割合になるよう分割する。

もっとも、裁判所における介護による**寄与分の評価**（＊）は低すぎるという批判があるのは事実で、そのため遺言で相続分を増やすことを勧める向きもある。しかし、逆に長男が寄与分の〝相場〟を知っていれば、遺言で増やしすぎだと反発するし、増やした相続分が多すぎると寄与分の趣旨でも**遺留分侵害額請求**（↓148頁）を受ける。

どうしても介護に対して経済的に報いたいと思うなら、生前に介護に対して報酬を支払えばよく、長男にははっきり知らせておけば、長男も納得する。


（＊）一般に、「第三者が介護を行った場合の日当」×「介護日数」×裁量割合（0・5～0・7が多い）といわれる。

1億2000万円

※寄与分含む

9000万円

B氏のケース

B氏のケースも、相続人は長男と長女で、法定相続分は2分の1ずつとなる。これで、誰も文句はないはずである。

特別の理由もないのに、きょうだいのうち一人だけに遺産を全部与えるというB氏の遺言は、まさに遺言が無用の紛争を引き起こす典型例と言える。裏から見れば、積極的にこのような不平等な遺言をすることは考えにくく、〝書かされ遺言〟の疑いが濃厚である。しかし、**「書かされ遺言」であっても遺言者がした以上、遺言は無効になることはない。**

なお、祭祀主宰（承継）者（→134頁）は、①被相続人による指定、②慣習、③家庭裁判所の審判による指定の順で決まる。もっとも、「誰それとするのが慣習だ」と認めた判例はない。当事者間の話合いで決まれば、それでよい。

家庭裁判所が指定した場合、祭祀のための費用はついて来ない。先祖の祀りは心の問題であるので、費用の補填は問題にならないという考えからであるが、現実にはなかなか苦しい。

ただ、遺言で一方的に押しつけられるより、納得性があるのではないだろうか。

C氏のケース

相続人は長男、長女、二女の3人。法定相続分は3分の1ずつ。

長年、長男が農業を切り盛りしていたのであるから、寄与分が考えられる。仮に寄与分が2000万円と評価されるなら、2000万円分を長男が先取りし、残りを3等分にする。

この金額の割合で遺産を現実に分配する。アパートは長女、二女に、農地は後継者の長男、自宅も長男が住んでいるなら長男が取得するのが現実的である。農地の評価額は宅地に比べて非常に安いが、アパートだけで2000万円×2＝4000万円に足りなければ、不足分は長男が現金で清算しなければならない。それでも、遺留分侵害額全部より金額的に低く抑えることができるのではないか。少なくとも、**遺言のように感情的なしこりは残らない。**

あるいは、農地（の一部）を長女・二女も取得し、長男に賃貸し、長男が賃料を支払う方法もあり得る（*）。

なお、長男の息子（C氏の孫）も農業に従事して貢献をして

長男(8,000万円−2,000万円)×1/3＋2,000万円	＝4,000万円
長女(8,000万円−2,000万円)×1/3	＝2,000万円
二女(8,000万円−2,000万円)×1/3	＝2,000万円

いたので、特別の寄与料（→152頁）が考えられるが、この寄与料は相続人に対しその相続分の割合（本ケースでは3分の1ずつ）で現金で請求することになる。長男にとってはさらに現金の手当が必要になるので、実際上は、長女と二女にだけ請求することになろう。

（＊）遺言では遺言内容に固定されるが、分割協議（調停）・審判では柔軟な分割が可能。なお、農地の取得には、原則として、農業委員会の許可が必要となるが、相続による場合は不要である（農地法3条1項12号）。

D氏のケース

D氏のケースは、「妻に全部相続させる。」という自筆証書遺言を遺したケースである。

そこで妻は生前、趣味の茶道に励んだり、仲の良い友人らと船旅をしたりと、預金や株式等をほとんど使いきってしまっていた。

この「妻に全部を相続させる。」という遺言がなければ、相続人と法定相続分は、妻（1／2）、長男・長女・二女（1／6ずつ）で、妻、長男から寄与分の主張がなければ、この割合で遺産を配分することになる。

金額（具体的相続分額）は下表のとおりとなる。分割は、例えば、妻と長男が自宅の土地建物（1億円）と預金と株から2000万円（合計1億2000万円）、長女・二女が預金と株式の残りを3000万円ずつ、とすることが考えられる。あるいは、妻・長男の寄与分を考慮して、両者の取得分を増やしてもよい。

いずれにしても、子どもらにも一定額が確保されるため、預

妻	(1億円+3,000万円+5,000万円)×1/2	=9,000万円
長男・長女・二女	各(1億円+3,000万円+5,000万円)×1/2×1/3	=3,000万円

金・株が全部費消されるという事態は避けられる。老親の認知症リスクを考えるなら、筆者は、子らも必ず一定割合の遺産を取得することを勧める。

E氏のケース

E氏のケースは、「全財産を長男に相続させる。ただし、長男は母の生活の面倒をみること。」という公正証書遺言であった。それがなければ、相続人と法定相続分は、妻（1／2）、長男・長女（1／4ずつ）となる。

分割方法は、妻と長男が医院兼自宅の土地建物を（妻の居住を認めて）、長女が預金（2000万円）を取得し、不足額は妻または長男（相続分を超えて取得した方）が金銭で長女に渡すのが現実的であろう。自宅には妻の持分が設定されるため、長男の独断で売却することができず、妻の居住が確保できる（E氏がした遺言だと長男の単独所有であるので長男の判断で売却できてしまう）（*）。

E氏が心配した妻の介護は、長男・長女が話し合い、妻の資産を使って介護サービスを手配すればよかろう。ちゃんとやってくれる保証があるかといわれれ

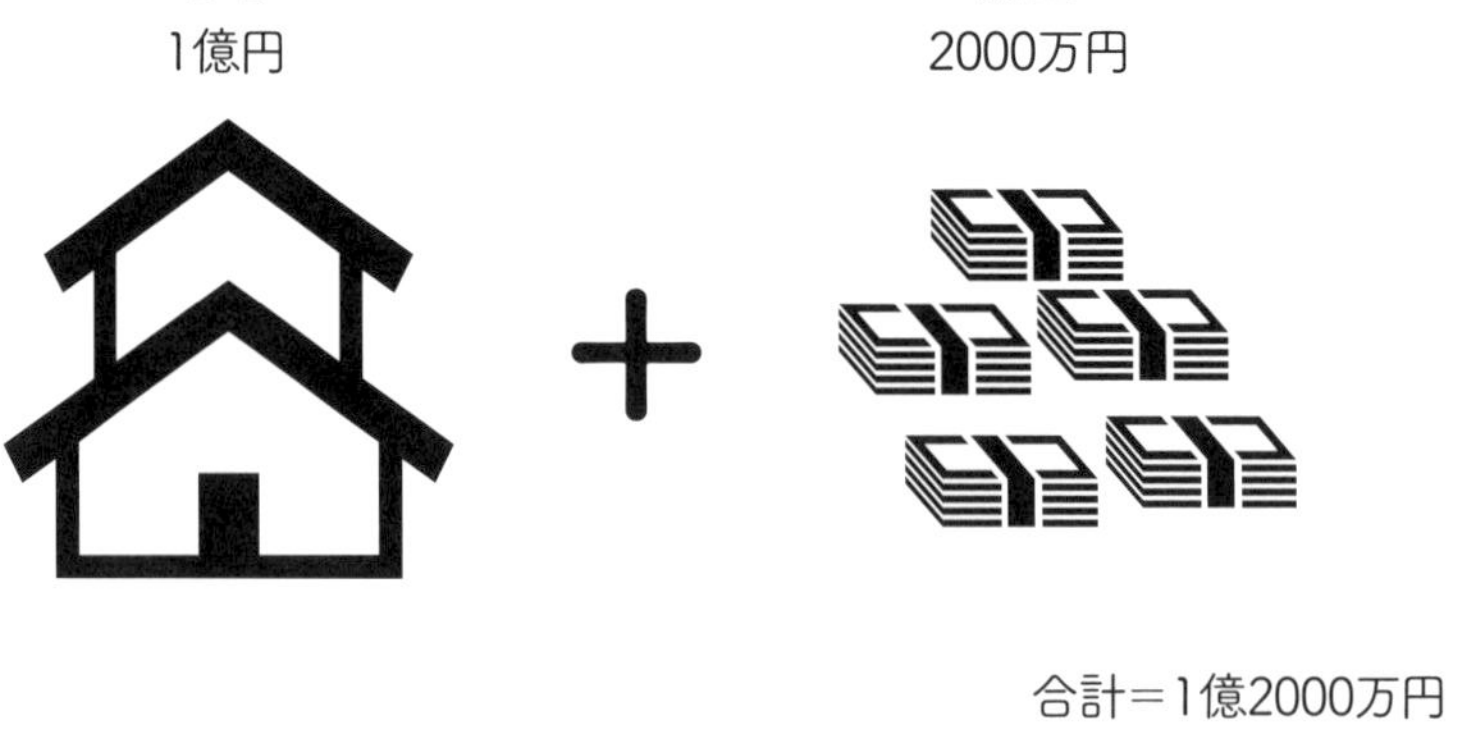

ば、子どもを信頼するしかないが、それはE氏がした遺言でも同じことである。

（＊）配偶者居住権を設定することも考えられるが、本ケースでは、遺産に現預金が少なく、他方妻は固有財産（預金）を有しているので、自宅の所有権（共有）の取得でよいであろう。

F氏のケース

相続人と法定相続分は長女（1／2）、二女（1／2）。金額に評価すると（相続分額）は2億5000万円ずつである。

F氏の遺言を前提にすると、長女が甲土地（4億円）、二女が乙土地（1億）円を取得する。二女の遺留分は（4億＋1億）×1／2×1／2＝1億2500万円であるから、遺留分侵害額請求（2500万円）をしても、法定相続分の2億5000万円に及ばない。

遺言がなければ、法定相続分額の割合で分けるので、現実的には、甲土地を2億5000万円分（甲A）と1億5000万円分（甲B）に分割し一方が甲Aを、他方が甲Bと乙土地を取得するか、一方が甲土地を取得し他方へ清算金（代償金）1億5000万円を支払い、他方はこの清算金と乙土地を取得する。あるいは甲・乙とも1／2ずつ分割する。いずれにして

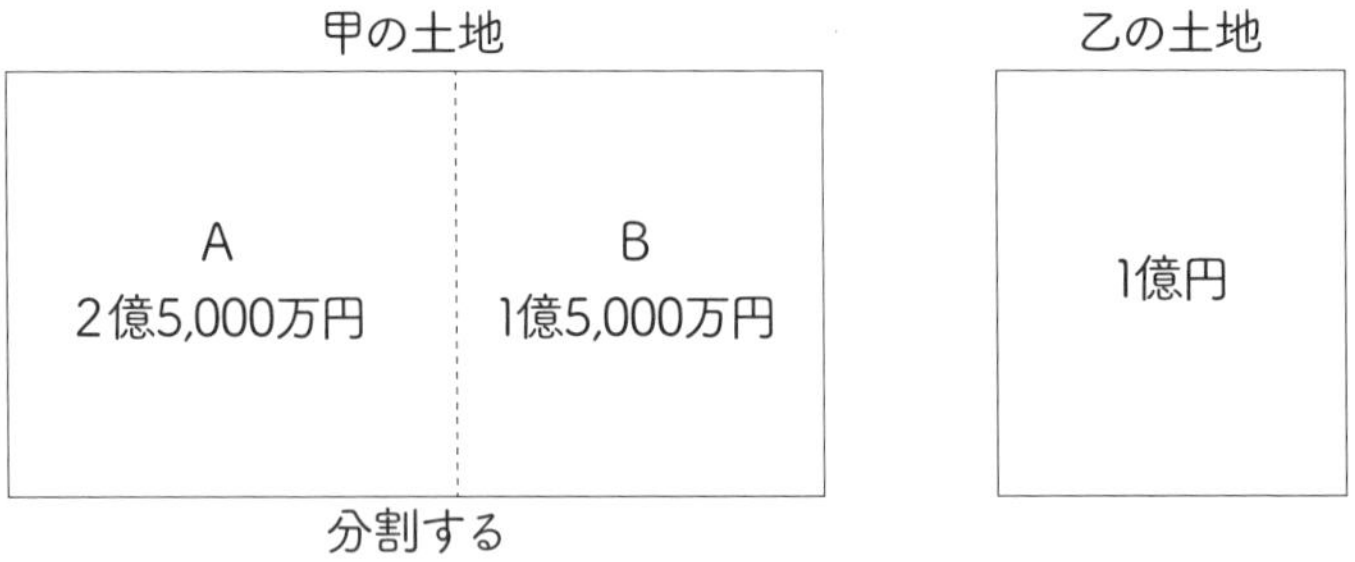

・一方が甲Aを取得　2億5,000万円

・他方が甲Bと乙を取得　1億5,000万円+1億円＝2億5,000万円

も長女、二女の間は**平等**であり不公平はない。

G氏のケース

G氏の遺言は、気持ちのブレからか「二男に全部を相続させる。」こととしたため、紛争を招いた。ところで、このケースは、遺言以前の夫の相続の処理に問題がある。配偶者控除の存在や、母親に全部相続させてもいずれは自分たちが相続するので母親の望むようにさせておくかという子どもらの思いから、妻が全部相続するケースが多い。しかし、高齢の配偶者が全部相続すると判断能力の衰えから無意味に消費したり（D氏のケースとも共通する）、耳によい言葉に影響されて著しく不公平な遺言を書いたりする（『リヤ王』は日本の制度でいえば昔の隠居であるが、同じ問題である）。子が一定の相続分を持つのは合理的である。

G氏の相続については、遺言がなければ、G氏の遺産は1億円（自宅土地建物6000万円、貯金3000万円、有価証券1000万円）で、相続人・法定相続分は長男（1／2）と二男（1／2）であるから、金額の評価（相続分額）は5000万円ずつである。分割は、自宅土地建物は居住している長男が相続するのが現実的なので自宅土地建物は長男、預金と有価証券は二男が取得し、清算金（代償金）として長男が二男に1000万円を支払うということになろう。代償金を支払うことができなければ、自宅土地を現実に分割（分筆）することが可能なら自宅土地の一部を現物分割する。あるいは土地も預金・有価証券もすべて2分の1ずつにする。事実上分筆できないとか分筆すると著しく価値が下がるようなら、売却して代金を分けるしかない。しかし分けることは可能である。

5000万円
5000万円

H氏のケース

H氏は遺言で甥に店舗兼自宅を「**特定遺贈**」したため長男・長女は相続債務（負債）を承継する結果になった。この負債相当分は遺留分侵害額請求で取り戻すことができるが、甥に支払能力がなければそれまでである（抵当債務は競売を覚悟すればよいが、残債が残れば長女、長男にかかってくる）。

特定遺贈でなく全部**包括遺贈**としておけば負債も甥が承継することになるが、長男・長女は本来相続できたもの（法定相続分額）より少なくなることは同じである。

遺言がない場合は、相続人は長女・長男で、法定相続分は2分の1ずつ。

遺産は積極財産（資産）2億2000万円、消極財産（負債）1億5000万円、実質5200万円である。

単純承認をして店舗兼自宅の任意売却を進め、抵当債務と証券会社の債務を弁済して残りを2分の1ずつ

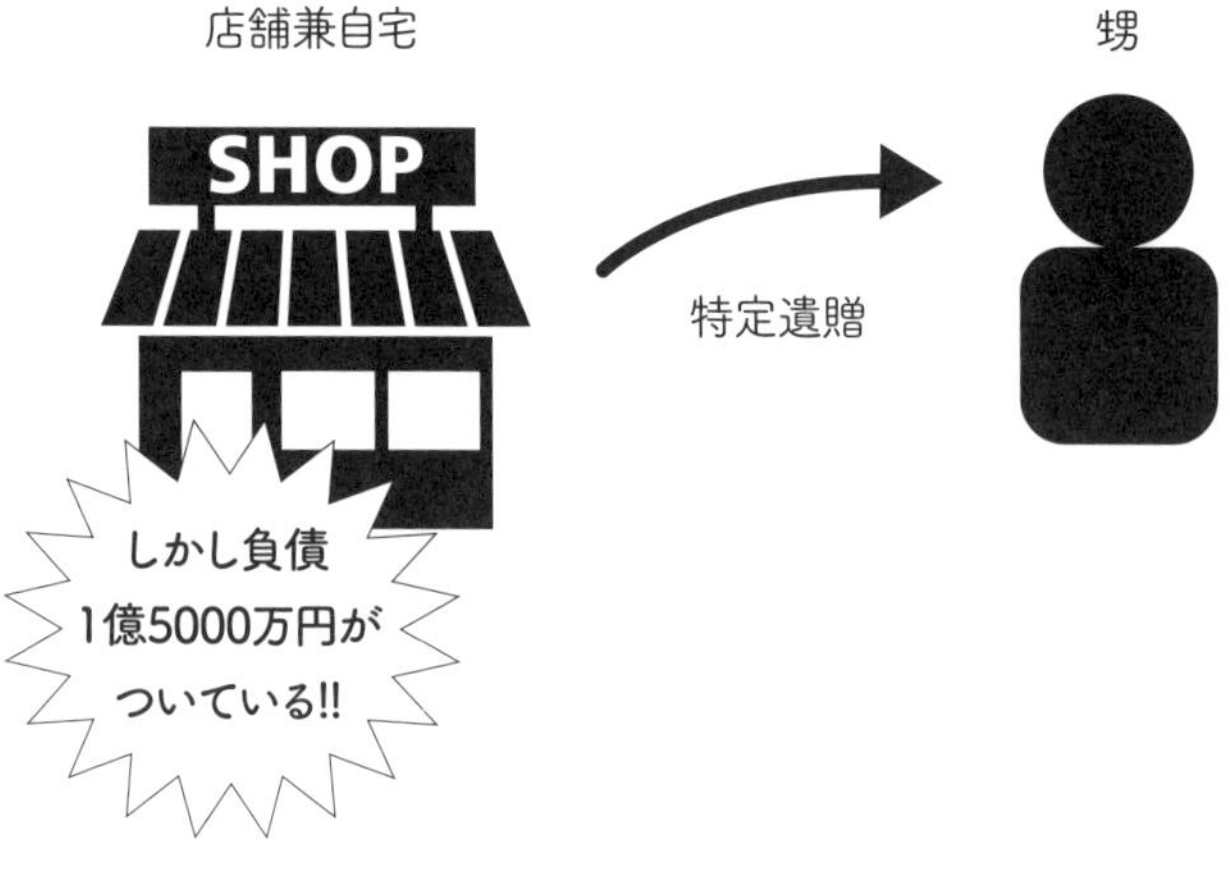

分配するのが現実的であろう。あるいは、限定承認（→132頁）をすることも考えられる。

甥に店を承継させるというH氏の望みは叶えられないが、この遺言をしてみても、遺留分侵害額を支払う資金を甥が調達できなければ、店を続けていくことはできない。

H氏が甥に事業を承継させたければ、生前に長女・長男を含めてよく相談すること－特に負債をどうするか－が必要だった。きちんと合意できれば、「経営承継円滑化法」によって甥に遺贈する店舗兼自宅を遺留分算定から除外し、遺留分争いを回避することもできる（＊）。

（＊）これには、①先代経営者・後継者・相続人全員で事業用資産を遺留分算定から除外する合意、②経済産業大臣の確認、③家庭裁判所の許可が必要になる。

I氏のケース

遺言者が遺言に抵触する処分行為をしたときは、抵触する限度で遺言を撤回したものと見なされる（民法1023条2項）。撤回と見なされるのはあくまで抵触する、すなわち処分行為と両立できない限度であって、甲土地を売却したからといって乙土地まで含んだ遺言全体の撤回と見なされるわけではない。また、そもそも撤回と見なされるのは遺言者自身が処分をした場合であって、成年後見人が処分しても撤回とは見なされない。

相続開始時に遺言の目的物が存在しなかったときは、その目的物に関する遺言部分は効力を生じないのが原則（民法996条）。第三者が遺贈の目的物を滅失させた場合は損害賠償請求権などの「償金」請求権を遺贈の目的としたものと推定されるが（民法999条1項）、遺言者の生前に支払われてしまえばこの規定の適用もない。裁判所の判断は、このような一般的な理解に従ったものである。

なお、**成年後見人がした甲土地の売却は有効**であり、遺言者（I氏）や相続人に対し損害賠償責任も負わない。

長女の気持ちは理解できなくもないが、無理な主張であり、はじめから遺留分侵害額請求に絞るべきだった。

このケースは、**遺言が事情変更に対応できない典型例**と言える。遺言をしても、老後の資金が足りなければ遺言の対象物件でも売らなければならない。相続人や受遺者に変な期待を持たせるだけである。認知症が進めば、新しい遺言をすることもできない。

遺言がなければ、残っている乙土地を（普通預金に残高があればそれも加えて）、長女と二女が1／2ずつ分けることになる。それで何の問題もなく、円満に収まったはずである。

分割は必要だが

遺言書がなければ分割協議が必要であり、話がまとまらなければ調停、審判になる。

しかし、大抵、落ち着きどころがあるもの。紛糾したり長引いたりするのは、「長男だから全部寄越せ」などと法律の規定を無視する主張や過大が寄与分を主張するからで、そのような「通らない主張」をしても通ることはなく、最終的には落ち着くところに落ちつく。言いたいことは言ったのだから、遺言者に決められるより、まだ納得性がある。すくなくも、憾みが遺言者に向かうことはない。

民法の原則と遺言

法定相続分は、家族の協力関係や被相続人が亡くなった後の扶養の必要性、あるいは相続人の遺産への期待等を考慮して定められたもので、相対的・平均的に考えて相続人が〝平等〟になるように定められている。

遺言は、これとは別の定めをするもので、**民法の考えている〝平等〟を壊すもの**と言える。言葉を換えれば、この平等を壊して、遺言者の意思を貫こうとするのが、遺言である。遺言するにはその覚悟が求められる。

その理解と覚悟がないまま、〝争続〟を避けたいなどという漠然とした動機で、あるいは相続人の強い求めに応じて動機すらもなく遺言書を書くところに、紛争を招く要因があるのである。

第Ⅲ章 それでも遺言書を書く

遺言書を書くべき場合

第Ⅱ章で見てきたとおり、遺言がなくても民法に従い相続される。何も心配することはない。民法規定は、今はやりの言葉で言えば〝デフォルト・ルール〟（標準仕様）である。

したがって、標準ではないケース、遺言でしか実現できない（あるいは遺言による方が無難な）目的を果たす場合に、遺言書を書く意味があることになる。

また、遺言をしたことにより生じる軋轢や紛糾を考慮しても、あえて遺言をする必要や事情があるなら、また、遺言書を書く意味があろう。

以下、具体的に見ていこう。

お一人様

相続人（↓130頁）がいない場合は、遺産は国庫に帰属する。遺産を誰かに承継させたいなら、遺言で遺贈（↓157頁）する必要がある。遺贈とは、遺言で遺産を誰かに引き継がせること。遺言の重要な機能であり、実質的には相続人を作り出すことになる。

遺贈には、特定の財産を遺贈する場合（特定遺贈。「甲土地を遺贈する。」等と遺言する）と、包括的に－全部または一部（「○分の1」とか「○割」）－を遺贈する場合（包括遺贈）がある。包括遺贈では遺贈を受けた人（受遺者）は相続人と同列に扱われるので（民法９９０条）、相続人とともに遺産分割協議をする必要があり、負債もその割合で承継する。

一人の人（あるいは法人その他の団体）に遺産を全部遺贈するなら包括遺贈になるが、数人に分けて遺贈するなら、負債を承継せず、遺産分割協議も不要な特定遺贈がよいだろう。

お二人様

夫婦に子がない場合、(両親、祖父母等の直系尊属もいないときは）遺産は、配偶者（3／4）と兄弟姉妹（1／4）が相続する。配偶者にすべて相続させたいなら（兄弟姉妹には遺産を渡したくないときは）「遺産はすべて妻（夫）に相続させる」という遺言書を書いておけば、兄弟姉妹の相続権を排除することができる。兄弟姉妹には遺留分（↓146頁）がないので、遺言によってすべて配偶者に相続させることができ、遺留分の問題を生じない。したがって、感情面は別にして、法律問題は起こりえない。

逆に、先祖伝来の財産は、兄弟姉妹に「相続させる遺言」をすることも考えられる。

事実婚・同性婚

相続権を持つ「配偶者」は法律婚に限られる。事実婚・同性婚のパートナーには相続権は認められていない。したがって、パートナーに遺産を残したいなら、現行法の下では遺贈が主要な手段になる（＊）。

（＊）共同形成した財産については、生前の契約で、死亡時における財産の清算を合意しておく方法も考えられる。

老いらくの恋

お二人様あるいは事実婚の変形バージョンであるが、子どもたちの反対に遭い入籍していない場合に、パートナーの老後のために遺産を確保しておくには、遺贈が考えられる。もっとも全遺産を遺贈するなどしたら、残されたパートナーと子どもの間で紛争が再燃することになるので、塩梅を考える必要がある。なにごとも〝ほどほど〟である。

相続人以外へ遺産を残したい（遺贈）

相続人がいても、相続人以外の人にも遺産を残したい場合は、遺言で遺贈するしかない。遺産分割協議で相続人と争いにならないよう、通常は、特定遺贈にする。

身内でも相続権がなければ（例えば、子を飛び越して孫へ直接渡したい場合）、遺産を渡すには遺贈による。知人などに残す場合、慈善団体（＊）などに「寄付」したい場合も遺贈になる。

なお、相続人がいるのに遺贈すると、当然のことながら、それだけ相続人の取り分が減り、相続人は不満を持つ。相続人の不満を押しのけても遺贈する覚悟が必要である。遺留分（↓146頁）を侵害するとさらに面倒なので、遺留分には十分配慮したい。

（＊）遺言で受遺者の範囲が限定されている場合、あるいは選定の基準が示されている場合は、具体的な受遺者の選定を遺言執行者に委ねることもできると考えられている。

ミニコメント

兄弟姉妹の再代襲

兄弟姉妹については代襲（↓131頁）は一代限りで、再代襲は認められない。甥・姪（とその子らの）間の不平等をさけるには、死亡している甥・姪の子らに（割合的）包括遺贈をすることが考えられる。

例えば、兄弟A・Bとも死亡、Aには子Cがいて健在、Bには子Dがいたが死亡し、その子E・Fは健在という場合、代襲はCのみ認められ、E・Fの再代襲はない（きょうだい枠はCが全部相続する）。A（C）・B（EF）間の平等のためには、E・Fにきょうだい枠の1／4ずつ包括遺贈をする。

認知する

認知とは、婚姻外でできた子（非嫡出子）を法律上、自分の子と認めること。認知しておかないと相続権がない（＊）。認知は生前にすることもできるが、父の戸籍に認知をしたことが記載されるので、何かの拍子で家族に知られることがあるが、そうなれば修羅場である。それを避けるために―後は野となれ、ではないが。山﨑豊子の『女系家族』では大騒動が巻き起こる―遺言で認知をすることが考えられる。

認知は戸籍の届出が必要で（民法781条1項）、子が成人の場合はその同意が必要になる（民法782条）。戸籍の届出は遺言執行者によるので（戸籍法64条）、あわせて遺言執行者（↓162頁）も定めておく。また、配偶者や嫡出子はよい感情は持たないだろうから、遺産分割協議での紛糾を避けるためには、認知した子へ「相続させる遺言」（↓157頁）もあわせてしておいたほうがよいだろう。

（＊）子のほうから認知を求める裁判を起こすこともできる（強制認知。民法787条）。

相続させない（「廃除」）

相続人が、被相続人を虐待し、重大な侮辱を加え、あるいは相続人に著しい非行がある場合には、その相続権を奪うことができる。これを「廃除」（はいじょ）という（↓133頁）。廃除は家庭裁判所に申立てをして認めてもらう必要がある。遺言でも廃除の意思を表明することができるが、遺言執行者が遺言者の死後に、家庭裁判所に請求する（民法893条）。特定の相続人に遺産をやらないようにするには、他の相続人へすべて遺産を相続させるよう遺言しておく方法（すべての財産を他の相続人に「相続させる」、あるいは当該相続人の相続分をゼロと指定する）もあるが、それでは当該相続人が遺留分を行使したとき、完全にゼロにはできない。これに対し、完全に相続できないようにするのが廃除である（したがって、廃除の対象になるのは遺留分を有する相続人に限られる）。

廃除の遺言をするときは、遺言執行者（↓162頁）を定めておくべきで、また遺言執行者は遺言者が廃除したい理由を知らないのが通常であろうから、生前に、遺言執行者にその理由を伝え（廃除される者の納得のためには、遺言書にも簡潔に記載しておくのがよい）、その証拠を託しておく必要があろう。

ミニコメント

廃除と代襲相続

廃除しても代襲がある。被排除者の子にも相続させたくなければ、その子（代襲者）の相続分がゼロになるように相続分の指定の遺言、あるいは相続させる遺言をしておく。それでも、その代襲者には遺留分があるので被廃除者の系統の相続を完全に排除することはできない。現行制度の限界である。

あえて相続割合を変える

紛争を招くのは承知のうえで、あえて法律で定める相続割合（法定相続分↓136頁）を変えたい場合には、遺言で変えることができるし、変えるには遺言をするしかない（指定相続分↓136頁。民法902条）。

相続割合を変えるには、割合で相続分を指定するのが通常であるが（「某の相続分を2分の1とする」等）、後述の「相続させる遺言」の結果として、法定相続分とは異なる相続割合になることもある。

一部の相続人についてのみ相続分を指定した場合は、他の相続人の相続割合に影響を与えるのか与えないのか争いになることがあるので（相続人が配偶者と子数人の場合で子の一人だけにつき相続分の指定をしたときは、配偶者の相続分に影響を与えるのか否か）、全相続人について相続割合を定めておくのがよい。

なお、相続分の指定により他の相続人の遺留分を侵害する結果になったときは、侵害された相続人は遺留分を行使できる。

持戻し免除の意思表示

相続人の一部に特別受益（↓138頁）を受けた者がいる場合は、相続分を計算するうえで、遺産に特別受益分を加え、それに法定相続分または指定相続分を乗じて、具体的な相続分が定まる（民法903条1項。これを「持戻し」という）。相続人の実質的な公平を図るためである。しかし、被相続人が、持戻しをしなくてよい（すなわち、特別受益分はそのままにし、残りの遺産だけを計算ベースにする。特別受益者は、特別受益の分だけ多く取得する。同条3項）とする意思を表明したときは、持戻しはしない。この「持戻し免除の意思表示」は、遺贈については遺言でする必要があるが、贈与については生前にしてもよい。しかし、これがあったか、なかった争いになることが多いので、贈与についても遺言でしておくのがよい。なお、婚姻期間が20年以上の夫婦間で、居住用の土地建物について遺贈・贈与をしたときは持戻し免除の意思表示をしたものと推定される（同条4項）。「推定」であるから理論上はひっくり返すこともできる。万全を期するならこの場合も遺言で持戻し免除の意思表示をしておく。

ただし、持戻し免除の意思表示があっても遺留分の計算では相続開始前10年以内の特別受益は算入される。

ミニコメント

遺留分の放棄の〝対価〟と持戻し免除の意思表示

遺留分は相続開始前（被相続人の生前）に家庭裁判所の許可を得て放棄することができる（相続開始後は自由に放棄できる）。この放棄の〝対価〟として被相続人から贈与がなされることがある。しかし、他に遺留分を侵害される相続人がいるときは、この贈与も減殺の対象になる。

相続人の仲が悪い

相続人の仲が悪く、何をどうやっても相続争いになることが予想される場合は、少しでも争いのタネを減らすため、「相続させる遺言」(↓157頁)をしておくことが考えられる。「相続させる遺言」とは、「不動産(あるいは、甲土地)は長男に相続させる」という内容－目的財産を特定して、それを承継させたい者を指定して「相続させる」と表現する－の遺言で、相続開始(遺言者の死亡)により直ちに当該財産が指定された相続人に帰属することになるため、全遺産について割り付けておけば遺産分割協議がまったく不要になる。

この場合、全遺産について割付をし、漏れがないようにすること(漏れがあると、その分については遺産分割協議が必要になる)、各相続人の遺留分を侵害しないよう考えておくことが肝要である。

配偶者居住権

配偶者居住権(↓150頁)とは、夫婦の一方が死亡した場合に、残された配偶者が、被相続人が所有していた建物に無償で居住できる権利である(民法1028条)。残された配偶者も当該建物に居住していた場合、遺産分割で当該建物を取得する可能性が高いが、所有権を取得すると当該建物だけで相続分を満たしてしまい、預金等を取得できないことになると老後に不安が残る。居住権であれば所有権より安く評価されるので預金等も取得できる可能性が出てくる。

配偶者居住権の設定は、遺産分割協議や調停・審判でも設定できるが(民法1028条1項1号)、必ず合意ができたり審判がなされる保証はないので、確実に設定したいときは遺言で「遺贈」で設定しておく(同項2号。「相続させる遺言」では不可)。

「生前合意」がある場合

これまで述べたケースとちょっと性格が異なるが、生前に、被相続人を含めて相続人間で相続に関する合意ができている場合である。例えば、両親が病弱な子の将来を心配して、その子に多く遺産を残す意向を持ち、他の子らもそれを了解していることがある。あるいは個人事業主の場合（＊）で、事業を継ぐ子が事業用財産のすべてを承継することで、他の子も含み合意ができている場合がある。しかし、そのような生前の合意は、いざ相続となったときには、何の効力も持たない。あとで、異議を唱える相続人が出て来たら－大抵、その相続人のつれあいが口を挟むことで紛争を生じる－あくまで法律に従って遺産分割がなされることになる。

したがって、「合意」のとおりに遺産を承継させたいと考えるなら、どんなに子を信頼していても、「合意」内容に沿った遺言をしておく必要がある。

（＊）遺言に加えて、経営承継円滑化法に基づき、事業用資産を遺留分算定から除外する合意をしておけば徹底する。

未成年後見人の指定

未成年者に親権を行う者がいないときは後見が開始するが（民法８３８条1号）、親権者は遺言で、未成年後見人を指定することができる（民法８３９条。指定がない場合は家庭裁判所が選任する８４０条）。後見人は広範な権限を持つため、親権者のメガネにかなった後見人をつけることができるようにする趣旨である。また、後見人に対する監督者である後見監督人も指定できる（民法８４８条。指定がないときは、家庭裁判所が、必要と認めた場合にだけ選任する。民法８４９条）。

生命保険の受取人の変更

生命保険の受取人は、生前に変更することができるが（保険法43条1項）、遺言ですることもできる（同法44条1項）。生前に変更すると従前の受取人に知られた場合に紛糾するおそれがあるときは、遺言で変更することが考えられる。もっとも、遺言による変更の場合でも保険会社に変更の通知をする必要がある。保険金をもらえない相続人が通知をすることは期待できないので、通知のため遺言執行者を指定しておくべきである。

なお、保険約款で変更を禁止したり制限することができるので、保険約款にこれらの制約がないか、よく確認しておく。

ペットが心配

遺贈を受けることができるのは「人」（自然人と法人）に限られる。いくら家族同然であってもペットに遺贈することはできない。ペットの行く末が心配な場合は、世話をしてくれる人を見つけて、その人に世話に必要な費用を遺贈することが考えられる（「世話」を「負担」とする、負担付き遺贈↓159頁）。同じような仕組みは信託を利用することでも可能である。もっとも、現実問題としては、ペットの特定や世話の方法等につき、世話をしてくれる人と生前によく話合っておく必要があろう。

どうしても遺言書を書きたい

これまで述べた遺言書を書くべき特別の理由がないのに我が意を通したい、どうしても遺言書を書きたいあなた。そこまで思いつめているなら、どうぞお書きなさい。

しかし、次の点に留意して。なお、ここで述べる留意事項は、上述の「書くべき場合」にも当てはまる。

何のために遺言書を書くのか？――目的をはっきりさせる

必要もないのに遺言をすれば争いは不可避であるから、それでもなお遺言書を書くのであれば、何のために遺言書を書くのか、目的をはっきり持つことが肝要である。

漠然と「〝争続〟を避けたいから」では、逆に争いを招くことは、第Ⅰ章で見てきたとおりである。

相続分の指定、分割方法の指定、〝相続させる遺言〟

法定相続分（↓136頁）とは異なる割合で相続させたいのか（⇓遺言で割合を決めた後は、その割合に従い遺産分割協議をする）、分割方法の指定（↓144頁）をしたいのか（例えば、「事業用財産は事業を承継する相続人の取得とする」との指定、「売却して売却金を配分せよ」との指定、あるいは、一定期間分割を禁じる等。やはり、この指針に基づき遺産分割協議をする）、遺産分割協議を避け、特定の財産がストレートに承継されるよう「相続させる遺言」（↓157頁）を選択するのか、よく考える。

〝漏れ〟は避ける

相続分の指定なら、全相続人の割合を決めておく。一部の相続人だけ決めると残りの部分に疑義が生じることがある。

分割方法の指定（遺産の分け方の指針）も漏れがない方がよいが、すべての遺産について指定するなら、遺産分割協議を必要としない「相続させる遺言」のほうがよい。

相続人の反応を想像する

なるほど遺産は遺言者の財産であるから遺言者が煮て食おうと焼いて食おうと自由である。しかし、〈その遺言〉をして相続人は喜ぶだろうか？　期待していたほどもらえない相続人が不満を抱くのは当然として、もらう方の相続人もその物件を喜ぶか？　よかれと思うあなた（遺言者）の善意がアダにならないか？

せっかく遺言をするのだから、遺言者の自己満足ではなく、できる限り〝喜ばれる遺言〟にしたいものである。

遺留分に配慮する

極力〝争続〟は避けるという観点からは、第二ラウンドの争いとなる遺留分侵害額請求（↓148頁）を招かないよう、各相続人の遺留分（↓146頁）に配慮し、遺留分を侵害しない内容にするのが望ましい。

もっとも、法定相続分を減らされた相続人は、「遺留分争いさえ封じられた」と、逆に不満を募らせることもあるので、難しいところである。

「付言」も考えもの

遺産の行き先の指定など本来の遺言の対象事項以外のことに触れることがある。これを「付言」といい、法的な効力はないものの、広い意味での（日常用語としての）〝遺言〟であり、遺言書に書き加えることがある。

遺言の理由

その中で、「生前贈与を考慮してこのような遺言にした」と、相続割合（相続分）に差をつけた理由を記載することがある。私もかつてはこれを勧めた。

しかし、遺言者の認識と相続人の認識や評価が一致するならよいが、異なると減らされた相続人の感情を逆なですることにもなりかねない。通り一遍ではなく、減らされる相続人も納得できる説明を考える。

「きょうだい仲よく」はNG

「この遺言者をした父（母）の気持ちを酌んで、きょうだい仲良く過ごして欲しい」というような付言を目にすることが多い。遺言者の心情としては理解できるが、相続割合を減らしておいて

「きょうだい仲よく」もないだろう。

特に〝書かされ遺言〟であることが見え見えであるのにこれがあると、減らされた方は、文字通り、怒り心頭に発するところとなる。

遺言の実現への配慮

遺言書を書いた以上は、スムーズに遺言書の内容が実現するようにしておきたい。

ここでは、次の2点を挙げておく。

目的物の特定

不動産はもらった人（受益相続人・受贈者）へ登記をしなければならないし、預金であれば解約あるいは名義変更手続が必要である。いずれも、どの不動産か、どの預金かはっきりさせておかなければ受け付けられない。

「不動産の全部」、あるいは「預貯金の全部」とするのは特定に問題がないが、個々の不動産や預貯金を「相続させる」あるいは「遺贈する」ときは、他と区別できるようにする。特に登記は厳格なので、注意が必要である。

不動産は、通常、登記簿の記載どおりに記載する（105頁の「目録」の記載例参照）。代わりに

「不動産番号」（＊）を記載することでも特定できる。

預貯金は、通常は、銀行名・支店名、種別（普通、定期等）、口座番号、預金者名義で特定する。

（＊）個々の不動産を識別するためのもので、土地1筆、建物1戸ごとにランダムに組み合わせた13桁の洋数字。登記簿の「表題部」に記載されている。

遺贈には、遺言執行者を指定しておく

遺贈の登記をするには、受贈者（＊）と相続人全員が共同して登記の申請をする必要がある。しかし、相続人からすれば、遺産を〝とられた〟という思いが残るので登記に協力しないことがあり、また相続人が多数であれば手間もかかる。「遺言執行者」がいれば、遺言執行者が相続人の代わりになり、受遺者とともに登記をすればよい（→163頁）。遺言執行者は家庭裁判所に選任を求めることもできるが、遺言で決めておけば手間が省ける。受遺者を遺言執行者とすることもできる。

（＊）相続人以外の者が遺贈を受ける場合。相続人が受遺者の場合は当該相続人が単独で申請できるようになった。

認知、廃除の遺言にも、遺言執行者を指定しておく。

状況の変化に対応する

事情変更

事情変更があったら、書き換える。相続の時点で遺言者の意図に適合するには、遺言書を書いた時点から事情が変われば、その都度、遺言書を書き換える（前の遺言は、後の遺言で明確に「撤回」するか、破棄しておく）。

不動産の値段が大きく変動したとき、会社が倒産して株式や社債が紙くずになったとき、あるいは遺言者が財産を処分したとき（遺産となる財産の変動）、事業の後継者と期待していた子が事業の承継を拒否したとき、介護の必要性が変わったとき（遺言の動機となった事情の変動）、受遺者が亡くなったとき（遺産を受け取る者の変動）など、その内容の遺言をする動機や前提となった事情に変動を生じたときは、速やかに遺言書を書き換えたほうがよい。

気が変わったら？

君子は豹変する。気が変わったら遺言書を書き換えてよい。

「相続させる」とした財産に手を加えたとき、「抵触行為」（民法１０２３条2項→161頁）にあたるか争いになることが多い（＊）。はっきり「撤回」（→161頁）する遺言をしておくのがよい。

（＊）遺言の対象である土地を合筆、分筆したことが「抵触行為」にあたるか争われたケースがある。定期預金を中途解約したり、満期に払い戻して使ってしまった場合、「抵触行為」か、なお遺言は有効か（民法1001条2項参照）、一般の人にはわかりにくいので、紛争を招きかねない。

第Ⅳ章 遺言書を書くには

遺言書を書く理由がある（書かざるを得ない）、あるいはそれでも遺言書を書きたい場合、具体的にどのように書くか、最後に説明しておこう。

遺言の方式

遺言は法律の決まりに従って書かなければならない。それに従っていないと、無効になる。

	メリット	デメリット	検認
公正証書遺言	①内容的な誤りや形式的な誤りを生じるおそれがない	①費用がかかる	不要
	②改ざん・変造の危険がない	②「いつでも、どこでも」というわけにはいかない	
	③発見が可能（相続開始後に公証役場へ問い合わせ）	③証人から遺言をしたことや遺言の内容が漏れる危険がある	
自筆証書遺言	①いつでも、どこでも簡単に作ることができる	①専門家の関与がないと、内容が不明であったり無効な内容になる危険がある	要
	②費用がかからない	②改ざん・変造の危険	
	③秘密にすることができる	③発見されないおそれ	
自筆証書遺言保管制度	①基本的に、上記の自筆証書遺言のメリットがある（ただし、保管のために若干の費用がかかる）	①内容の不備・不完全はチェックされない（自書、日付等の形式面はチェックされる）	不要
	②改ざん・変造の危険はない	②遺言者が法務局へ出向く必要がある（出向くことができないければ保管制度は利用できない）	
	③発見が可能（相続開始後に法務局へ問い合わせ）	③遺言書用紙に制約がある（A4、余白等）	

普通、遺言は公証証書か自筆証書による。自筆証書は、法務局に保管を依頼することもできる。公正証書遺言、自筆証書遺言の作り方は103頁、自筆証書遺言の保管制度については104、156頁を参照されたい。

いずれにするか、メリット・デメリットを考えてほしい。なお、公正証書遺言にする場合も、公証役場へ行くまでの万一のことを考えると、まずは自筆証書遺言にしておくことをお勧めする。

いずれにしても、遺言の内容は自分で考える必要がある。〝書かされ遺言〟はしてはならないことは、これまで繰り返し指摘してきたとおり。もちろん、弁護士などの専門家に相談してよいが、それは遺言者の基本的な方針が定まってのことである。

相続税は安いに越したことはないが、相続税の多寡で遺言内容を変えるというのは、本末転倒であろう。

公正証書遺言は、遺言の内容を公証人に伝えればよいので、以下、自筆証書遺言の作り方（文案）を説明する。

なお、以下は遺言事項ごとに文例を示しているが、遺言事項ごとに別の遺言書にする必要はなく、複数の遺言事項を1つの遺言書に記載して構わない。

遺言書を書く

基本形1——相続人がいる場合（「相続させる遺言」）

相続人に特定の財産を残す遺言は、「○○を相続させる」とする。

> 遺言書
> 1　不動産はすべて、妻・田中松子に相続させる。
> 2　現金、預貯金はすべて、長男・鈴木太郎に相続させる。
> 3　その余の財産はすべて、長女・田中梅子に相続させる。

２０２３年１月１日

遺言者　　田　中　一　郎　㊞

注（自筆証書遺言の方式）

自筆証書遺言は全文（＊）を遺言者（右の例では、田中一郎）が自書（自分で手書きすること）し、署名、押印する。代筆では無効。訂正にも決まりがある（＊＊）。

印鑑は遺言者の印鑑であれば何でもよいが、シャチハタは不可。

用紙も何でもよい。筆記具にも制約はないが、常識的にエンピツ、消えるボールペンは避ける。

日付は具体的に書く。「令和5年3月吉日」「２０２３年新春」では日が特定できず、遺言書自体が無効になる。「年」は西暦、和暦（元号）どちらでもよい。

数字は「壱」「弐」等の方が改ざんの心配がないが「一」「二」や「1」「2」でも効力に影響はない。

（＊）財産目録の部分は、印刷やコピー（例えば、預金通帳のコピー）・登記簿謄本でもよい。他人の代筆も可。ただし、添付した目録等には各ページに遺言者が署名・押印する必要がある（用紙の両面に記載がある場合は両面ともに署名押印する。片面のみに記載があるときは、記載面でも裏面でもよい。この押印は本文とは別の印鑑でも法的には有効であるが、変造の疑いを残さないためには同じ印鑑を使うのがよい）。

本文と財産目録は一体であることがわかればよい（例えば、ページ数を打つ、一緒に封筒にいれる等）。契印したり、ホチキス留めする必要はない（もっとも変造防止のためには契印等をしておくほうがよい。ただし、法務局の保管制度を利用する場合は、しない)。

なお、自筆ではない財産目録は必ず別紙にする。本文のページに印刷部分等を設けることはできない。

(**)訂正するには、①自筆で訂正し(訂正箇所を抹消し、その脇か上部に正しい文言を記載する)、②訂正箇所に押印したうえ(法律上は署名箇所の押印とは別の印鑑でもよいが、変造の疑いを残さないためには同じ印鑑がよい)、③適宜の箇所に、訂正箇所と訂正した旨(例えば、「○行目○字抹消、○字加入」等)を記載(自書)して、その箇所に署名する。

目録部分の訂正も同様であるが、訂正文字(①)は印刷でもよい。訂正した旨の記載(③)は自書でなければならない。ページ全部の差し替えも可能であるが、差し替え前のページもそのまま残して全部を「×」で消して、その部分に押印し、「このページ全部抹消」と記載して署名する方法でもよい。

なお、**法務局の保管制度**を利用するときは、次のような制約がある。

- 用紙はA4に限り、周囲に余白(上部5ミリ、下部10ミリ、左20ミリ、右5ミリ以上)をとる。
- 複数ページにわたるときはページ数を記載し、ホチキス等で綴じない(スキャナで読み込むため)。
- 財産目録部分も含め、すべて片面のみに記載する(両面には記載してはいけない)。
- エンピツ、消えるボールペン等は不可。
- 遺言者の氏名は、戸籍どおりにする(自筆証書遺言自体としては、遺言者が誰かわかればよく、ペンネーム等でも構わないとされるが、保管制度では戸籍どおりでないと保管してもらえない)。

（目録を利用した場合）

遺言書

1　別紙目録記載の不動産はすべて、妻・田中松子に相続させる。

（2以下省略）

２０２３年１月１日

遺言者　田　中　一　郎　㊞

（ゴシックは印字、明朝体は自書であることを示す）

別紙

目録

一　所在　千代田区一番町

地番　＊＊

地目　宅地

地積　１５０・００平方メートル

二　所　在　千代田区一番町＊＊番地
家屋番号　＊＊番
種　類　居宅
構　造　木造瓦葺2階建
床面積　1階　88・00平方メートル
2階　56・00平方メートル

遺言者　田中一郎㊞

（注）不動産は、登記簿の記載どおりに記載する。なお、このような表記の代わりに「不動産番号」（不動産登記規則90条。登記簿に記載されている）を記載することでもよい。

基本形2――遺贈

相続人ではない者に財産を残す場合は、「遺贈する」とする。

遺言書

1　次の預金を、孫の田中太陽に遺贈する。

○○銀行△△支店　定期預金

口座番号　＊＊＊＊＊＊

口座名義　田中一郎

2　この遺言の執行者に弁護士甲野太郎（登録番号＊＊＊＊＊）を指定し、その報酬を＊＊万円と定める。

遺言執行者は前項の預金の名義変更、解約、払戻しをする権限を有する。

令和5年1月1日

遺言者　田　中　一　郎　㊞

（注）遺贈する相手（受遺者）は、一義的に明らかになるよう特定する。通常は、氏名と本籍あるいは住所、生年月日等で特定するが（＊）、親族は、同姓同名の者がいなければ、氏名と続柄で特定できる。

（＊）遺言の執行の場面で、「孫」であることを特定するには、遺言者から「孫」までの戸籍謄本を揃える必要がある。

これに対して、氏名・住所・生年月日等で特定するときは当該受遺者の住民票で確認できる〔登記申請ではマイナンバーを使うことができないので〔現在〕、氏名とマイナンバーでの特定は避ける〕。

〔補充遺贈〕〔→**158頁**〕

遺言書

1　次の土地を、姪の佐藤一子（本籍東京都千代田区六番町＊番地、○年○月○日生）に遺贈する。

所　在　北海道虻田郡ニセコ町字△△
地　番　＊＊
地　目　原野
地　積　3800平方メートル

2　上記佐藤一子が私の死亡以前に死亡したときは、上記土地は、その子の佐藤一平（本籍東京都千代田区六番町＊番地、○年○月○日生）に遺贈する。

3　この遺言の執行者に上記佐藤一平を指定する。

2023年1月1日

遺言者　田　中　一　郎　㊞

バリエーション（それぞれの遺言事項）

相続分の指定（→137頁）

法定の相続割合（法定相続分）を変更するもの。

遺言書

相続人の相続分を次のとおり定める。

妻・田中松子　　五分の三

長男・鈴木太郎　五分の一

長女・田中梅子　五分の一

２０２３年１月１日

遺言者　田中一郎　㊞

持戻し免除の意思表示（↓140頁）

遺言書
長男・鈴木太郎が婚姻するにあたり贈与した金＊＊＊万円については、民法903条1項に規定する相続財産の算定にあたって、その価額を相続財産の価額に加えないものとする。
2023年1月1日
遺言者　田　中　一　郎　㊞

（注）「民法…」以下の部分は、「持戻しを免除する。」でもよい。

分割方法の指定（↓144頁）

遺言書
私の次の遺産を、遺産分割協議において次のとおり分割するよう、分割の方法を指定する。
(1)　私が経営する○○商店の店舗建物とその敷地及び営業に関する一切の資産は、長男○○が取得すること。この場合、長男○○は同資産を取得する負担として、上記営業に関する一切の負債を承継するものとし、他の相続人に負担させてはならない。

⑵　乙土地は、これを売却し、売却金より売却に要する一切の費用を差し引いた残金を長女○○と二男○○で等分に取得すること。

２０２３年１月１日

遺言者　田　中　一　郎　㊞

認知

遺言書

１　私は、本籍東京都千代田区三番町＊番地・山川花子（○年○月○日生）を認知する。

２　この遺言の執行者に弁護士甲野太郎（登録番号＊＊＊＊＊）を指定し、その報酬を＊＊万円と定める。

２０２３年１月１日

遺言者　田　中　一　郎　㊞

胎児に相続させる遺言（↓132頁）

遺言書

遺言者は、妻○○が現在懐妊している胎児に左記の財産を相続させる。

〈財産の表示〉　略

２０２３年１月１日

遺言者　山　田　太　郎　㊞

（注）婚外子の場合は、前提として、認知を必要とする（遺言での認知は前記参照）。

廃除（↓133頁）

遺言書

１　長男・鈴木太郎を廃除する。

同人は、他に愛人を作って出奔し妻子を顧みず、これを諌めた私に暴力を振るい重傷を負わせた。

　よって、この遺言をするものである。
2　この遺言の執行者に弁護士甲野太郎（登録番号＊＊＊＊＊）を指定し、その報酬を＊＊万円と定める。
　令和5年1月1日
遺言者　田中一郎㊞

遺留分減殺の別段の意思表示（→148頁）

遺言書
次の特別受益に関する遺留分侵害額請求については、贈与の金額の割合に応じて負担すること。
①長女○○に対し2020年4月1日にした金2000万円の贈与。
②長男○○に対し2021年4月1日にした金1000万円の贈与
　2023年1月1日
遺言者　佐藤花子㊞

配偶者居住権（↓150頁）

遺言書

1　私の所有する左記建物（以下「本件建物」という）の配偶者居住権を、妻・田中松子に遺贈する。

所　在　千代田区一番町＊＊番地

家屋番号　＊＊番

種　類　居宅

構　造　木造瓦葺2階建

床面積　1階　88・00平方メートル
　　　　2階　56・00平方メートル

2　本件建物を、長女・田中梅子に相続させる。

2023年1月1日

遺言者　田　中　一　郎　㊞

（注）配偶者居住権は、必ず、「遺贈する」とする。

未成年後見人等の指定

遺言書

1　二男・山田二郎の未成年後見人として、次の者を指定する。
住　所　東京都千代田区霞ヶ関1丁目1番1号
職　業　会社員
氏　名　山田　正
生年月日　○○年○○月○○日

2　二男・山田二郎の未成年後見監督人として、弁護士乙山法子（登録番号＊＊＊＊＊）を指定する。

2023年1月1日

遺言者　山田太郎㊞

ペットの世話の委託

遺言書

1　本籍東京都千代田区六番町＊番地・野山高男氏（○年○月○日生）に、左記事項を負担として、左記の預金から金＊＊万円を遺贈する。

記

（負担事項）

私が愛玩している柴犬（オス、○歳。名前＊＊）の飼育をすること。

私と同様に、愛情を込めて育てて欲しい。

（預金の特定）

（略―基本形2参照）

2　第1項の遺贈を執行するため、遺言執行者として、第1項記載の野山高男氏を指定する。遺言執行者は、前記の預金から前記金額の払戻を受けることができる。

2023年1月1日

遺言者　田　中　一　郎　㊞

生命保険の受取人の変更

遺言書

1　私を保険契約者兼被保険者として、保険者であるA生命保険相互会社との間で締結した生命保険契約（証券番号＊＊＊＊＊＊）の死亡保険金受取人を、夫・田中一郎から、長女・田中梅子に変更する。

2　この遺言の執行者に長女・田中梅子を指定し、遺言執行者は、この遺言の効力が生じた後、速やかにA生命保険相互会社に対し、前項による保険金受取人の変更を通知するとともに、所定の手続をとるものとする。

2023年1月1日

遺言者　田中松子㊞

祭祀主宰者（→134頁）の指定

遺言書
（1〜3省略）
4　先祖の祭祀を主宰する者として、長女・田中梅子を指定する。
2023年1月1日
遺言者　田　中　一　郎　㊞

遺言の撤回

遺言書
1　私の、○○年○○月○○日付け自筆証書遺言は、全部撤回する。
2023年1月1日
遺言者　田　中　一　郎　㊞

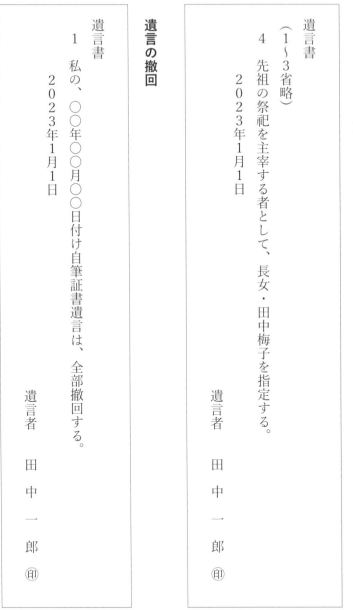

（注）　2項以下に新たな内容の遺言を記載してもよい。

第V章 インタビュー

本書の著者である、額田洋一弁護士に、遺言や遺言書についてざっくばらんにいろいろお伺いしてみました。

Q 「遺言書は死んでも書くな」とはなんとも斬新なタイトルですが、なぜそのような考えになったのですか？

A 端的にいえば、遺言をした結果、トラブルになるケースを見聞きするようになったからです。

Q　遺言を書く人が増えたのですか？

A　遺言書を書く、あるいは書きたいという人は、２０１９年からのコロナ禍を契機に増えているように思います。特に、50代から60代の方からそのような要望が多くなったと感じています。

Q　50代から60代の方というのは、その方たちが書き残したいというより、その方々のご両親をさしているのでしょうか？

A　親に遺言を書いて欲しい、あるいは親の相続対策を考えたいという要望は昔からありました。最近の傾向としては、自分自身の遺言を考えるということ。コロナや度重なる災害で、我が身のこととして「何が起こるか分からない」、「万一のときのために」と考える人が増えたのでしょう。

Q　遺言書を書こうとする年齢が下がってきているということでしょうか？

A　その通りですね。

Q　自身の遺言を考えるのは、どんな方々でしょうか？

A　以前は、相続財産が多い方が相続税対策などを念頭に書かれることが主だったと思いが、今は、一般のサラリーマンや家庭の主婦の方も遺言を書こうと考えていらっしゃいます。財産の多寡の問題ではなく、ご自身の考え方、生き方からではないでしょうか。

他方で、相変わらず、『書かされ遺言』は後を絶たない…（笑）。

Q 遺言書を書くこと自体には問題はないのですよね？

A はい。書くこと自体には問題はありません。遺言が必要なケース、遺言した方がよいケースは、もちろんあります。言いたいのは、『書かされ遺言』は絶対におやめなさいということ。そして、遺言を書くなら主体的な目的をもって、ということです。

『遺言書』は一度書いたら、後でそれを変えたい場合は書き直す必要がある。あるいは遺言の撤回（↓118頁）をする必要がある。ところが高齢者になると心身の衰えでなかなかその書き直しをすることが出来なくなる。

自分では書き直したいと、気持ちに変化が生じても、例えばそばにいる娘に「そのままでいいじゃない」と言われてしまうと、そうかな？と思ってみたり、書き直すには手間がかかるからと弱気になってしまい、結局自分の気持ちが変わったとしても、書き直しをしないで放置しておくことになる。

Q 遺言をした後の事情の変更にも対応できない？

A そう。遺言は魔法の杖ではありません。

Q　ところで、遺言書がいくつかあった場合、亡くなる直前の（日付がある）遺言書が有効と聞いたことがありますが。

A　それは正確ではないです。遺言はいくつあっても、全部が一法律の要求する方式に従っていることが前提ですが一有効です。ただし、相互に矛盾がある場合は、その限度で後の遺言が優先するということです（法的にいうと、前の遺言の当該部分を撤回したものとみなされる）。例えば、先の遺言で「甲土地はAに遺贈する」と書いてあるのに、後の遺言で「甲土地はBに遺贈する」とあれば、甲土地はBに行くことになります。それ以外に矛盾点がなければ、先の遺言も「甲土地」以外の事項については効力が残ります。

Q　遺留分（↓146頁）という話も難しいですね。

A　弁護士でも難解です。そもそも、遺言をするから遺留分の問題が出てくる。

Q　H氏のケースですが、遺留分侵害額の計算で負債の額を加えているのがよく分からないのですが。

A　特定遺贈の場合は、負債は相続人が全部承継します。相続人にとっては、その分、さらにマイナスになるので、これを受遺者から取り戻すということです。
負債が多いのに遺贈なんかしちゃダメですよね。相続人に負担をかけないことを考えなきゃ。

Q ちょっと基本的な質問になりますが、「遺贈」って、自分の望む人に自分の財産をあげることですね。

A そうです。遺言で遺言者の財産を遺言者が決めた特定の人にあげることです。一般に、相続人以外の友人、知人などにあげる場合に限ると誤解される向きもあるようですが、相続人に対して遺贈することもできます。

Q そうなんですか? 遺贈は第三者に限り、相続人には「相続させる遺言」と考えていましたが。

A 相続人に対しては、「相続させる遺言」の方が勝手がよかったので、もっぱら「相続させる遺言」が使われてきたのです。

Q 「配偶者居住権」という言葉も最近よく耳にしますが、遺言書に書けばよいのでしょうか?

A 「配偶者居住権」(↓150頁)は、遺言で「遺贈」すれば設定できます。遺産分割協議や家事審判でも設定できるのですが、必ず設定されるようにするには遺言が必要です。遺言でも、「遺贈」に限り「相続させる遺言」ではダメです。遺贈は受けた人(受遺者)がもらうか(承認)、いらない(放棄)というか選択権がありますが、「相続させる遺言」では拒否権がありません。配偶者の選択権を保証するため、「遺贈」によらなければならないとされたようです。

Q 「自分が死んだあとはハワイの海に散骨してほしい」と遺言に書いたときは、そのとおりにできますか？

A 相続人が遺言者の遺志を尊重して実行するかどうか、です。

散骨や、葬儀のやり方、戒名の要否などは、「遺言事項」ではありません。「遺言事項」とは遺言に書けば法的効力を生じる、法的にそのような権利関係になるもので、民法に規定された事項に限られます。それ以外の事項は、書いたら遺言が無効になるというわけではないですが、法的に実現したり強制することはできません。したがって、相続人がそのとおりやってくれることを「期待」するしかないのです。〝毛利元就の三矢の訓〟がまさにそれです。

もっとも、一定の金額（費用と報酬）を遺贈し、「ハワイに散骨すること」という負担を付けた「負担付き遺贈」（↓159頁）という方法は考えられるでしょう。遺贈を受けた人が負担（この場合、「散骨」）を実行しない場合は、相続人は負担付き遺贈を取消すことができるので、間接的な強制力があります。ただし、遺贈は放棄できるので、そこが限界ですね。結局、相続人の意向次第なら、私は、「負担」として押しつける形より、相続人の自発的行動に期待したいですね。

なお、そもそもアメリカの法律で海洋散骨が許されるのか、確認しておいてくださいよ。私は、完全にドメスティックですから（笑）。

Q　話をもとに戻しますが、自筆証書遺言を法務局が保管する制度（↓156頁）もできて、世の中、遺言を推奨する流れのように感じます。これまでのお話は、時流に逆行しませんか？

A　相続や遺言については大きく二つの考え方があるそうです（潮見佳男『詳解相続法第2版』1頁以下）。

一つは、戦後、新憲法を受けて民法の親族・相続部分が大改正され、「家」制度が否定された。個人主義、個人意思の尊重が重視され、相続については遺言が原則であり、民法の規定は遺言がないときの補充規定だという考え方。その結果、裁判所の実務では「遺言は個人の最終意思の表れ」として遺言を極力有効に扱おうという「遺言有効解釈の原則」が生まれ、今日まで連綿と続いています。

これに対して、最近では、法体系自身が、現憲法下で望ましいと考える財産の承継形態が民法の規定であり、これが相続の原則であって、遺言は例外的な規律だという考えが有力になりつつあるようです。

見方を変えれば、前者は遺言者（被相続人）中心の相続観、後者は相続人にも配慮した相続観といえるかも知れない。

私は前者の考えによる教育を受けた世代ですが、図らずも、40年の経験から、結果として後者の境地に達したわけです。

Q 不本意ながら書いた遺言も、そのまま効力が認められるのですか？

A その通り。たとえば、多少、認知機能が低下していても、「遺産をやる」という遺言の本質が理解できていれば遺言は有効。遺言者が不本意であれば、書き直したであろうし、書き直していないのであれば、それは遺言者の意思にほかならない、と見るわけです。

そのあたり、裁判所は「きわめて合理的な考え方をもつ人間像」を前提としており、一般の方の感覚とはズレがあるかも知れません。

個人主義を重視する伝統的な考え方は、主体的に遺言をする意識に乏しい我が国の実情の下では、理想に走りすぎたきらいがあり、遺言は逆に相続争いの道具になっていることが多い。そして、それを、裁判所が追認する結果になっているように感じます。

Q 相続人に公平に分配される遺言はどうでしょうか？

A 本書の最初にも書きましたが、「不動産は長男に、その余は長女に」という遺言では完全な平等にはならないし、長女はむしろ「不動産の方がよかった」と思うかも知れない。どういう遺言にしても、相続人の完全な満足は得られないでしょう。ある意味、遺言は遺言者の意思の押しつけですから。

まして、「書かされ遺言」は、書かせた方は喧嘩上等、争い覚悟で先手を打ったのですから、紛争は必至ですね。「争族を避けるため」などという甘いささやきに乗ってはいけない（笑）。

結局、遺言があろうとなかろうと、争いが起きる家庭では起き、円満に収まる家庭は収まる。遺言をしたが故に無用の争いを誘発したり新たな問題を惹起することはあっても、遺言をしたから起こるはずの争いを避けることができたということは、まずないと思います。

Q なにか身も蓋もないように感じますが…

A いやいや、遺言をするなら目的と覚悟をもってしてください。

それがないなら「遺言書は死んでも書くな」です。

遺言書

相続・遺言の基礎

以下、民法が定める相続・遺言に関する規定について概説する。

相続の枠組み

相続では、①誰が（相続人）、②何を（遺産の範囲）、③どのような割合で（相続分）、④どのようにして分けるのか（遺産分割）ということが問題になる。また、相続人への最低保障分としての⑤遺留分制度がある。

なお、相続される人（遺産を承継される人）を「被相続人」と呼ぶ。

誰が

◉相続人

相続人となるのは、配偶者と一定の範囲の血族（血の繋がりがある親族）。

配偶者（法律婚―正式に婚姻届けを出した夫婦―に限られる）は、常に相続人になる（民法８９０条）。

血族は次のとおり順位があり、先順位の相続人がいない場合に、次順位に繰り下がってくる（民法887条、889条）。

第1順位　子。子が先に亡くなっているときは、孫、ひ孫…と続く（〝代襲相続〟）。

第2順位　親、祖父母等。父母のどちらかでも健在であればその代まで。両親とも亡くなっていれば祖父母（父方、母方いずれも同順位で）の代へ…と順次、遡る。

第3順位　兄弟姉妹（兄弟姉妹が先に亡くなっているときは、その兄弟姉妹の子（被相続人からみると甥・姪）が相続人になる。〝代襲相続〟。代襲は兄弟姉妹の子までで、子も亡くなっている場合には孫以下には相続権は認められない）

親子関係は、養子を含む（ただし、養子の〝連れ子〟は代襲は認められない。これに対し、養子縁組をした後に生まれた子は代襲できる）。配偶者の〝連れ子〟には―養子にしていない限り―相続権はない。

おじ・おば、甥・姪（上記の第三順位の代襲の場合を除く）、いとこ等には相続権はない。

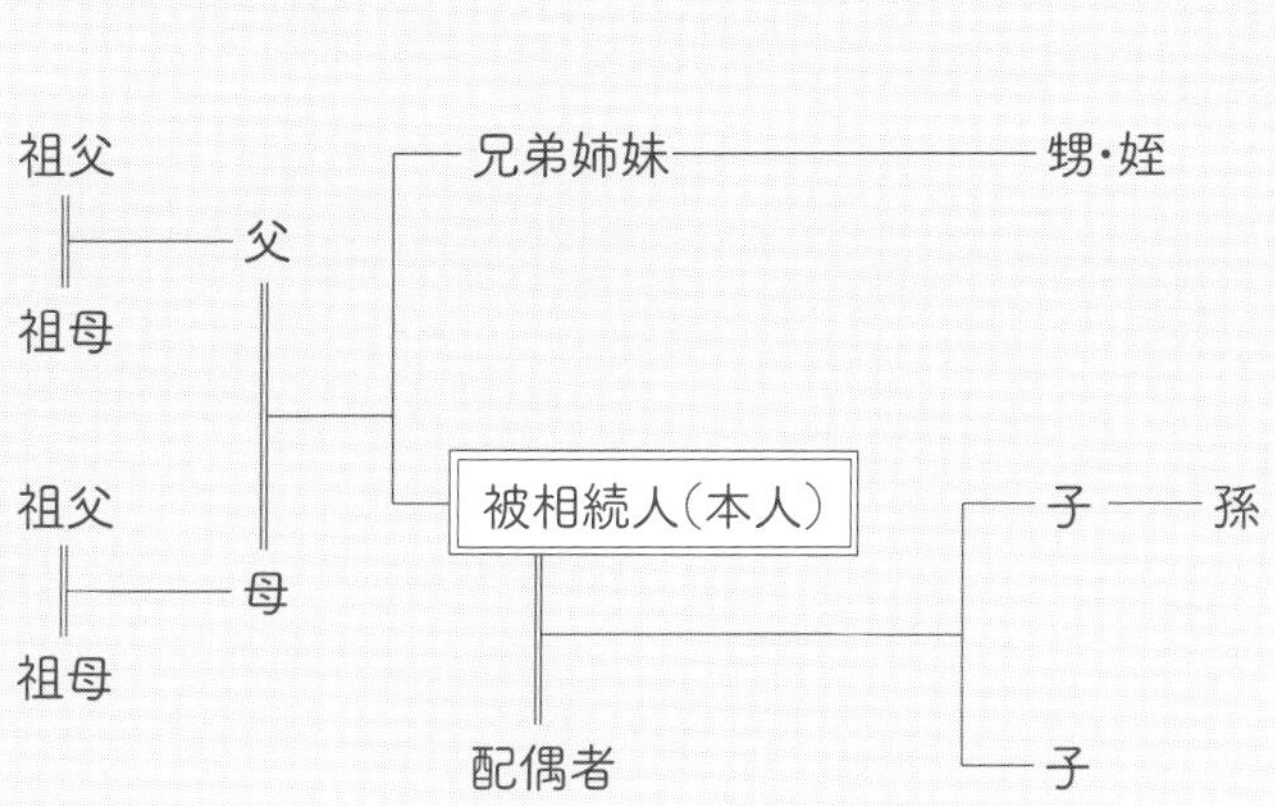

相続権のある血族がいないときは、配偶者だけが相続人になる（全部を相続する）。反対に配偶者がおらず、血族だけの場合は上記の順位で血族が全部相続する。

例　配偶者Aと子B・C…A・B・C（Cが亡くなっていても、その子D・EがあればCに代わってD・Eが相続人になる）

配偶者Aと祖母F（被相続人に子はなく両親は死亡）…AとF

配偶者Aと兄弟姉妹G・H（被相続人に子はなく父母・祖父母等も死亡）…A・G・H

なお、胎児は相続においては生まれたものとみなされるので（民法886条1項）、これに遺産を与える遺言も可能である。

◉相続の放棄

相続の放棄とは、相続人自身が相続することを拒否すること（民法915条1項）。相続の開始を知ってから3か月以内に家庭裁判所へ放棄の「申述」をする（民法915条、938条）。放棄をすると、はじめから相続人でないことになる。したがって、資産を承継できないが、負債を承継することもない。放棄した者の子も相続権はなくなる（代襲相続できない）。

◉単純承認と限定承認

資産も債務もすべて承継することを認めることを単純承認という（民法920条）。相続の放棄も次に述べる限定承認もしなかったら単純承認となる。相続財産を処分したときも単純承認となる（民法921条）。

限定承認とは、資産の範囲で負債（遺贈があるときは遺贈の履行も）を負担するというもの（民法922条）。負債（と遺贈）を弁済して資産に残りがでれば承継できる。足りなければ、あるだけのもので払って終わり。不足分（負債の残額）を相続人が承継することはない。放棄と同様に、相続の開始を知ってから3か月以内に家庭裁判所に「申述」する（民法915条）。放棄は相続人がそれぞれ単独でできるが、限定承認は相続人の全員でしなければならない（民法923条）。意見があわなければ、放棄か単純承認しかない。

◉相続欠格・廃除

①被相続人や先順位の相続人を故意に死に至らしめ刑に処せられた者、②詐欺・強迫によって被相続人に遺言をさせた者、③被相続人の遺言書を偽造・変造、あるいは破棄・隠匿した者などは、当然に相続権を失う（民法891条。**欠格**）。

また、①被相続人を虐待し、あるいは重大な侮辱をした者、②著しい非行がある者については、被相続人はその者の相続権を剥奪することができる（**廃除**）。それには、被相続人自身が生前に家庭裁判所に請求し認めてもらう方法（民法892条）と、遺言による方法がある（民法893条）。遺言による場合は、遺言執行者が家庭裁判所に請求する。廃除が認められたら、その者（被廃除者）は相続権を失う。

なお、欠格、廃除の場合はその子らに代襲相続が認められており、制裁としての効果は弱い。

何を

相続とは、被相続人（亡くなった人）の財産を承継させる制度である。原則として、被相続人の有していた一切の財産―プラスの財産（積極財産。「資産」）だけではなく、借金・債務といったマイナスの財産（消極財産。「負債」）も含む―が承継の対象なる。契約関係も、移転する。プラスの財産だけをもらって借金は引き継がないというわけにはいかない。

◉「資産」

被相続人の有していた一切の財産が相続（承継）の対象になる。不動産、動産、現金、預金、有価証券、知的財産権、借地権など財産的価値がある物・権利はすべて含まれる（民法896条）。ただし、扶養を求める権利、離婚による財産分与の請求権、生活保護の受給権などは、その人限りに認められる権利（「一身専属権」）で、相続の対象にはならない（同条ただし書）。また、墓地や仏壇・仏具などの「祭祀財産」も相続の対象にはならず、先祖の「祭祀の主宰者」（＊）が承継する（民法897条）。

（＊）祭祀の主宰者　先祖の祭りを主宰する者―具体的には墓を守り、法要等を行う者で、①遺言による指定、②遺言がないときは「慣習」によって定まるとする（民法897条1項）。しかし、判例は長男とする「慣習」はないとしているので、話がややこしくなる。以上で決まらないときは、家庭裁判所が祭祀財産の承継者を定めるとしているが（同条

2項）、遺産分割協議によってか、あるいはなんとなく承継者が決まっているのが実情である。

◉生命保険金と死亡退職金

生命保険金は、受取人の固有の権利で、相続の対象にはならない（したがって、遺産分割の対象にならない）。ただし、保険料が被相続人の財産から支払われ、一部の相続人だけが高額な保険金を受けとり、相続人間で著しい不公平を生じる場合には、「特別受益」（↓138頁）と扱われることがある。

死亡退職金は、就業規則（民間企業等の場合）や法令等（公務員の場合）で受給権者が定められているときは、その受給権者の固有の権利であり、相続の対象とはならない。また、通常は「特別受益」とも扱われない（遺族の生活保障のためだから）。

他方、生命保険金、死亡退職金とも、相続税の課税対象にはなる（一定額の控除はある）。

Column

生命保険の受取人

受取人を「法定相続人」と指定した場合、法定相続人が受取人となると同時に受け取る保険金の割合も法定相続分による（最判平成6年7月18日民集48－5－1233）。

指定された受取人が被保険者より先に死亡している場合は、当該受取人の相続人が受取人になるが、頭割になる（最判平成4年3月13日民集46・3・188、最判平成5年9月7日民集47・

7・4740）

被保険者が死亡した後に、受取人が保険金を受け取る前に死亡した場合は、受取人の遺産として受取人の相続人が相続分に従って受領する。

◉「負債」

被相続人が負っていた一切の負債が相続人に承継される。保証債務も承継する。ただし、身元保証人たる地位は承継しない。また、根保証（卸と小売との間の取引のように継続する取引から生ずる一切の債務を保証するもの）については、相続人が承継する保証債務（元本）の範囲は、保証した被相続人が死亡した時点での残高に限定される。

負債は、相続分（↓136頁）で当然に分割される。遺産分割協議で全員の同意があれば、相続分と異なる割合で承継することができるが、それを債権者に主張するには債権者の同意が必要となる（債権者は同意をしない限り、法定相続分の割合で請求することができる〔民法902条の2〕）。

どのような割合で

◉相続分―法定相続分と指定相続分

遺産を承継する割合を相続分という。プラスの財産だけでなく、マイナスの財産（債務）もその割合で承継する。

民法は、相続分を次のように定めている（民法９００条。**法定相続分**）。

相続人	相続分
配偶者と直系卑属（子・孫）	配偶者１／２　直系卑属１／２
配偶者と直系尊属（父母・祖父母）	配偶者２／３　直系尊属１／３
配偶者と兄弟姉妹	配偶者３／４　兄弟姉妹１／４

同一順位のなかでは頭割。婚姻外の子（非嫡出子）も婚姻内の子（嫡出子）と同じ割合である。他方、兄弟姉妹間の相続では、被相続人と父母の一方のみを同じくする者は双方を同じくする者の２分の１になる（先妻の子Ａ・Ｂと後妻の子Ｃがいる場合のＡの相続では、Ｂ２：Ｃ１の割合になる）。

各ケースにおける相続人と法定相続分を一覧表にすると、次頁の表のとおり。

この相続分は、遺言で変更することができる（民法９０２条。**指定相続分**）。相続分の指定がなされた場合は、その割合になる。ただし、相続分の指定の結果、遺留分を侵害された者は遺留分侵害額請求ができる。

◉特別受益

実質的に前記の「相続分」に適合するように調整する制度が、特別受益と寄与分。

特別受益とは、相続人が被相続人から受けた、㋐遺贈、㋑婚姻・養子縁組のため、あるいは生計の資本としての贈与である（民法903条）。㋑は、いわゆる「持参金」や独立の際に与えられた不動産、金品などが典型。特別受益がある場合には、遺産の額に特別受益に当たる贈与の額を加えたものを相続財産とみなし（合計したものを「みなし相続財産」という）、これに上記の各相続人の「相続分」の割合を乗じる。特別受益者以外の者の具体的相続分はそのようにして算出された金額になるが、特別受益者についてはその金額から特別受益の額（贈与・遺贈）を控除した額が具体的相続分額になる（民法903条1項。この一連の操作を「**持戻し**」という）【事例1】。

ただし、特別受益の額が前記の算出額以上の場合は特別受益者の具体的相続分額はゼロで、差額を吐

配偶者	生存する血族						相続人と法定相続分	
	子	孫	親	祖父母	兄弟姉妹	甥・姪		
A	B・C・D	E・F （Cの子）	G・H	I・J	K・L	N （亡Mの子）	A B・C・D	1/2 各1/2×1/3＝1/6
A	B・D	E・F （亡Cの子）	G・H	I・J	K・L	N （亡Mの子）	A B・D E・F	1/2 各1/2×1/3＝1/6 各1/2×1/3×1/2＝1/12
A			G・H		K・L	N （亡Mの子）	A G・H	2/3 各1/3×1/2＝1/6
A				I・J	K・L	N （亡Mの子）	A I・J	2/3 各1/3×1/2＝1/6
A					K・L	N （亡Mの子）	A k・L・N	3/4 各1/4×1/3＝1/12
	B・C・D						A	1/1
			G・H		K・L		B・C・D	各1/3
			G・H		K・L		G・H	各1/2
				I			I	1/1
					K・L	N （亡Mの子）	K・L・N	各1/3

き出すわけではない（同条2項）。その結果、他の相続人については遺産の額が前記算出額の合計に不足するので、不足分は上記の「相続分」の割合にしたがって減じられる【事例2】。

【事例1】

相続人が配偶者A、子B・C。遺産が1200万円、Cの特別受益（贈与）300万円の場合。

A（1200＋300）×1／2＝750万円

B（1200＋300）×1／4＝375万円

C（1200＋300）×1／4－300＝75万円

（評価額1200万円の遺産を右の金額割合になるように分割する）

【事例2】

相続人が配偶者A、子B・C。遺産が1200万円、Cの特別受益（贈与）600万円の場合。

A（1200＋600）×1／2＝900万円

B（1200＋600）×1／4＝450万円

C（1200＋600）×1／4－600＝△150万円　⇒0円

150万円不足　∴AとBの「相続分」の比率2：1で減額

A　900－150×2／3＝800万円

B　450－150×1／3＝400万円

（評価額1200万円の遺産をAとBで右の金額割合になるように分割する。Cは遺産からの取得分はなし）

この「持戻し」計算は、被相続人の生前の意思表示、あるいは遺言で、しなくてもよいとすることができる（すなわち、特別受益はそのままで、残りを相続分で分ける。「**持戻し免除の意思表示**」。民法903条3項）。また、婚姻期間が二十年以上の夫婦間で、居住用の土地建物について遺贈・贈与をしたときは持戻し免除の意思表示をしたものと推定される（同条4項）。

特別受益は当事者の主張を要する。家庭裁判所が自分の判断で取り上げることはない。実際には、特別受益にあたるかどうか、あるいは持戻し免除の意思表示があったかなかったかで紛糾することが少なくない。

なお、特別受益（持戻し）は具体的相続分の算出であるから、相続人に対するものだけが対象になる。相続人以外の第三者に対する贈与、遺贈は遺留分侵害額請求の対象になることはあっても、特別受益では考慮外である。混同のないように。

◉寄与分

寄与分（民法904条の2）とは、一部の相続人が被相続人の財産の形成・維持に特別の貢献（寄与）をした場合に、その貢献分につき遺産からの先取りを認める制度。

寄与分とされるのは、㋐被相続人の事業に関する労務の提供・財産上の給付、または㋑被相続人の療養看護、その他の労務の提供による財産の維持・増加、についての「特別の寄与」である。その寄与を財産的に評価して、遺産から控除し、その控除額を寄与者の相続分に加える。要するに、遺産からの先取りを認めるものである。

【事例3】

遺産は5000万円。相続人である子A・B・Cのうち、Aが被相続人の事業を助け、その貢献により遺産が2000万円増加したと認められる場合

B・C　各（5000－2000）×1／3　　　　＝1000万円

A　（5000－2000）×1／3＋2000＝3000万円

（評価額5000万円の遺産を右の金額割合になるように分割する）

寄与分は、相続人間の協議で定めるが、協議が調わないと家庭裁判所が定める（同条2項、家事事件手続法別表第二14）。

なお、寄与分は相続人についてのみ認められるもので、第三者に寄与があっても寄与分の問題とはならないが、親族が特別の寄与をした場合は相続人に「特別寄与料」（金銭）を請求することができる（民法1050条）。

寄与分も当事者からの主張が必要である。

どのようにして分けるか（遺産分割）

遺産（積極財産）は、法定相続分または指定相続分を原則として、特別受益あるいは寄与分がある場合はこれを考慮して修正した割合（最終的な割合が「具体的相続分」。特別受益や寄与分がなければ法定相続分または指定相続分がそのまま具体的相続分になる）に従って、配分する。

このように、遺産に属する個々の財産の行き先を決めることを**遺産分割**という。

◉分割を決める「場」（遺産分割の手続）

遺産の分割を決めるのは、まずは、相続人間の協議による（**遺産分割協議**）。協議がまとまらなければ、家庭裁判所に**調停**を申し立てる。調停とは家庭裁判所の調停委員会が間に入って、相続人間の話し合いを調整し、まとめるもの。基本は相続人間の合意なので、最終的に合意できなければ調停は不成立となる。

調停でもまとまらなければ、家庭裁判所が「**審判**」という一種の裁判で分割を決定する。

遺産分割に期限はない（＊）。相続税の申告期限（相続開始後10か月以内）を過ぎても分割できる。申告期限までに遺産分割ができなければ、とりあえず、法定相続分に従って申告・納税をし、分割完了後に修正申告・更正の請求をする。

（＊）ただし、特別受益、寄与分は、相続開始から10年を経過すると主張できなくなる（民法９０４の3）。以後は、法定相続分ないし指定相続分で分割される。

Column

具体的相続分を超える割合の遺産を要求できるか

法律上の「権利」として認められるのは具体的相続分であり、これを超えて遺産を「たくさんよこせ」と要求する権利はない。ただ、相続分は権利なので、相続人のうち誰かが「そんなにいらない」と言えば、その分が他の相続人に上乗せされることになる。しかし、「いらない」という相続人がいて、その反面として増加する結果になるだけであって、調停委員が一部の相続人に「具体的相続分より少なくても我慢しなさい」と説得することはありえないし、まして審判になれば具体的相続分と異なる配分になることはない。

「長男だから」、「長女だから」たくさんよこせと言い張っても、話がこじれて長引くだけである。

◉遺産の「分け方」

遺産の「分け方」には、現物分割、代償分割、換価分割の三つがある。

現物分割…『甲不動産は妻に、乙不動産は長男に、預金と株式は長女に』と、個々の遺産を、個別具体的に割り付けていく方法。ひとつの土地を分筆することもある。通常はこの現物分割による。

代償分割…遺産の全部または一部をある相続人が取得し、具体的相続分を超えた部分を金銭（代償）で他の相続人に渡し清算する方法。ある相続人が被相続人の事業（商店、工場、農家など）承継するため遺産を分散させることができない場合は、この方法による。

換価分割…遺産を売却して金銭に変えて配分する。遺産を現実に割り付けることができず、代償分割もできない場合の最後の手段である。

このほか、ある不動産を数名の相続人の共有にすることがある。これも現物分割の一種であるが、将来、実際に分割（分筆等）する必要を生じることが多く、問題の先送りにすぎないので、勧められない。上記の三つの方法を組み合わせることもある。

◉遺産を分ける基準

「遺産の分割は、遺産に属する物又は権利の種類及び性質、各相続人の年齢、職業、心身の状態及び生活の状況その他一切の事情を考慮してこれをする。」（民法９０６条）。この意味は、現実の割付をする際の基準、あるいは現物分割、代償分割、換価分割を選択する基準を示したもので、相続分が増減されるという意味ではない。

例えば、相続人のうちある不動産に住んでいる相続人がいれば、その不動産はその相続人の取得になる可能性が高いといえる。

◉遺言による分割方法の指定、分割の禁止

被相続人は、遺言で分割方法を指定することができる。他方、期間を定めて（最長5年まで）、遺産の全部または一部の分割を禁じることもできる（以上、民法９０８条）。このような指定、禁止があるときは、分割はそれに従う。

分割方法の指定としては、①分割指針型（「農地は長男が取得せよ」）、②手段指定型（現物分割・換価分割・代償分割の指示）、③清算型（「資産は売却して負債を弁済し、残余を分配せよ」）があるとさ

れる。これらは分割の基準・指針を示すもので、原則として遺産分割手続が必要である。④「相続させる遺言」も分割方法の一種とされるが、これは直接的に権利移転の効果を生じ、対象物件については遺産分割手続は必要ない。

●金銭債権・金銭債務の例外

金銭債権（金銭の支払を目的とする債権。代金債権、貸金債権、損害賠償請求権など）は遺産分割の対象にならず、「相続分に応じて」当然に各相続人に分割される（例えば、不法行為に基づく損害賠償請求権1000万円を有する被相続人が死亡し、相続人が子A・Bである場合、A・Bが500万円ずつ承継する）。もっとも、相続人が全員同意するなら、これらも遺産分割の対象とすることができ、不動産やその他の財産と合わせて配分（割付）をすることができる。なお、預金は、当然分割にはならず、遺産分割協議等で他の遺産とともに分割する。現金・預金は分割対象であり、不動産等の細分できないものを分けるにあたっての調整材料になる。

金銭債務も同様に「相続分に応じて」当然に分割される（例えば、被相続人に1000万円の借金があり、相続人は子A・Bの場合、A・Bが500万円ずつ承継する）。ここでいう「相続分」とは法定相続分または指定相続分のことで、具体的相続分（特別受益・寄与分で調整後の割合）ではない。特別受益・寄与分はプラスの財産の配分について実質的な公平をはかる（プラスの財産を実質的に法定相続分あるいは指定相続分の割合にする）制度だから、債務のほうはそのまま法定相続分または指定相続分の割合にしなければ逆に不公平になる。相続分の指定がある場合は指定相続分の割合で、当然に分割される。ただ、指定相続分は債権者には分からないので、債権者は法定相続分で請求することができ、相続人はこれを拒めない（民法902条の2）。指定相続分が法定相続分より少ないのに法定相続分に請求されて支払った相続人は指定相続分が法定相続分より多い相続人に差額を請求することになる。また、相続人全員の合意で、法定相続分または指定相続分とは異なる負担割合を決めることはできるが、債権者には主張するには債権者の同意が必要で、法定相続分に従って請求を受けたら弁済せざるを得ない（弁済後に相続人間で清算する）。

遺留分

遺留分とは、遺産の最低保障分である。被相続人の財産は被相続人が自由に処分できるが、被相続人が生前に贈与したり遺贈するなどして相続人が取得する遺産が減ったり、一部の相続人のみが実質的に多くの財産を取得することになると、相続人の相続への期待を害し、あるいは相続人間の公平を著しく損なうことになる。そこで、相続人にいわば最低保障分を認めたのが遺留分の制度（民法1042条）であり、遺留分の不足を取り戻すのが遺留分侵害額請求である（民法1046条。相続法改正前は「遺留分減殺請求」（旧1031条以下））。

◉遺留分割合

遺留分の割合は次のとおり（民法1042条1項）［相対的遺留分］。兄弟姉妹には遺留分はない。

相続人が直系尊属のみの場合　1／3

それ以外の場合　1／2

相続人が複数いる場合には、この割合に各自の法定相続分を乗じた割合となる（同条2項）［個別的遺留分］。

相続人が、配偶者A、子B・Cの場合

A　1／2×1／2＝1／4

B・C　各1／2×1／2×1／2＝1／8

このようにして決まった割合を「遺留分を算定するための財産の価額」（後記）に乗じたものが、各自の「遺留分額」になる。

遺言で遺留分を否定したり、遺留分割合を指定することはできない。

◉遺留分侵害額

被相続人がした贈与や遺贈、「相続させる遺言」（「特定財産承継遺言」）などにより、相続による実質的な取得分が遺留分額に不足する場合、遺留分の侵害となり、その不足額（遺留分侵害額という）を受遺者等に請求することができる（民法1046条1項）。侵害額の具体的な算出方法は、以下のとおり。

遺留分を算定するための財産の価額（A）

A＝遺産（積極財産）＋贈与（＊）－負債

遺留分（額）（B）

B＝A×遺留分割合×法定相続分

遺留分侵害額（X）　X＝B－遺留分権利者の特別受益（＊＊）－遺留分権利者が取得すべき遺産（＊＊＊）＋遺留分権利者が承継する債務

（＊）遺留分の算定に含まれる贈与は、次のもの
①1年内の贈与（相続人以外の第三者に対するものに限る）
②10年内の特別受益たる贈与
③被相続人・受贈者双方が遺留分権利者を「害することを知って」した贈与（相続人に対するものも含む）
（＊＊）相続開始前10年間のものに限定されない
（＊＊＊）「寄与分」は除かれている（「寄与分」は別枠で取得できる）

◉遺留分侵害額請求権の行使

遺留分侵害額請求は、贈与等を受けた者に対し、金銭請求をする。その行使は、㋐「相続の開始及び遺留分を侵害する贈与または遺贈があったことを知った時から1年」内で、かつ、㋑相続の開始後10年内にしなければならない（民法１０４８条）。まずは1年内に請求する意思を示せばよく、裁判の提起は1年を経過した後になっても構わないが、この金銭請求権は5年の消滅時効（民法１６６条1項1号）にかかる。この点、減殺した贈与等の対象物（持分）が当然に遺留分権利者に復帰する旧法下の遺留分減殺請求と異なるので注意を要する（＊）。

複数の遺贈や贈与がある場合は、請求する先は、次の順序・割合による（民法１０４７条1項）。②、④

の場合に遺言者が遺言で異なる意思表示をしたときはそれに従う。
①受遺者（遺贈を受けた者）と受贈者（贈与を受けた者）とがあるときは、受遺者（遺贈）、受贈者（贈与）の順
②複数の受遺者がある場合は受けた遺贈の金額の割合
③複数の受贈者がある場合は後の贈与から
④贈与が同時の場合は贈与の金額の割合
なお、裁判所は、受遺者・受贈者の請求により、侵害額の支払につき、相当の期間、支払の猶予を認めることができる（同条5項）。

（＊）2019（令和元）年7月1日より前に開始した相続については旧法が適用され、遺留分減殺請求をした場合、遺留分侵害額に相当する持分が請求者（遺留分権利者）に当然に復帰する。その結果、通常の共有状態となり、その持分は時効で消滅することはない。共有状態の解消は遺産分割手続ではなく、通常の共有物の分割方法（民法256条以下）による。

◉遺留分の放棄

相続開始前（被相続人の生前）に遺留分を放棄するには、家庭裁判所の許可が必要である（民法1049条）。放棄が当該相続人の真意に出たものか、不当な干渉はないか確認するためである。
相続開始後は、遺留分侵害額請求をするか否かは当該相続人（遺留分権利者）の意思によるので、請

求しなければ、それまでである（積極的に遺留分を放棄することも自由にできる）。遺留分を放棄しても他の相続人の遺留分が増えることはない（同条2項）。

Column

経営承継円滑化法に基づく遺留分「除外合意」

中小企業や個人事業で事業の用に供されている経営者の個人財産（事業用資産）については、先代経営者、後継者、推定相続人全員の合意で遺留分の算定から除外することができる。手続の概要は、①右の合意⇓②経済産業大臣の確認⇓③家庭裁判所の許可。

配偶者居住権

◉配偶者居住権とは

配偶者居住権とは、被相続人の配偶者が、相続開始時に被相続人が所有する建物（＊）に住んでいた場合に、終身または一定の期間、その建物を無償で使用できる権利（民法１０２８条）。

建物についての権利を「居住権の負担つきの所有権」と「配偶者居住権」とに分けることにより、配偶者の居住権を確保しつつ、柔軟な遺産分割ができるようにしたものである。

例えば、相続人が妻と子一人、遺産が自宅（2000万円）と預貯金2000万円のケース（妻と子の相続分額は、それぞれ2000万円）でみると、次のような効用がある。

制定前…妻が自宅（2000万）を相続すると預貯金は相続できない（住居は確保できても生活費が不安）

制定後…自宅所有権ではなく配偶者居住権を相続するものとしたら、その評価額が1000万円であれば、妻は配偶者居住権のほかに預貯金1000万円も相続できる

（＊）配偶者以外の者との共有の場合は、設定できない。

◉配偶者居住権の設定

配偶者居住権は、①遺贈（＊）、②死因贈与、③遺産分割協議、④審判（共同相続人間で配偶者居住権の設定につき合意があるとき、または裁判所が特に必要があると認めるとき）によって設定できる。

配偶者居住権付きの建物の所有権を取得した者は、配偶者居住権の登記をする義務を負う。登記がされないと、配偶者はこの権利を第三者へ主張することができない（＊＊）。

なお、この権利は第三者へ譲渡することはできない。第三者に賃貸等をするには所有者の承諾が必要である。

（＊）「相続させる遺言」は不可（万一、「相続させる」としても「遺贈」と解釈すべきとされるが、無用の争いを招かないよう、「遺贈」にしておく）。

（＊＊）審判や調停では、所有者が登記する義務を負うことが明記されるのが通常で、明記されていれば、配偶者は、単独で登記をすることができる。

特別寄与料

相続人でない親族が、無償で被相続人の介護等の労務の提供を行い、遺産の維持・増加に特別の貢献があった場合に、相続人に対する金銭請求（特別寄与料）を認める制度（民法1050条）。

寄与分は相続人にしか認められないため、いわゆる「嫁の寄与」に報いるために新設された。

寄与料の額は寄与者と相続人との協議で決めるが、協議で決まらないときは家庭裁判所の審判で決められる。ただし、審判は寄与者が相続開始と相続人を知った時から6か月以内、または相続開始から1年以内に申し立てる必要がある。

遺言

◉遺言とは

遺言とは、日常用語では「死後のために言い残しておくこと」を意味するが、法律上の定義では「一定の方式に従ってなされる遺言者単独の相手方のない意思表示」とされる。難解に思われるかも知れないが、要は、①遺言者の意思が表示されたもので、②法律が定めた方式（作り方）に従って作成されたもの、という点がポイントである。したがって、法律の定めた方式に従っていないものは効力を持たない。また、③遺言でできることと定められた事項以外の事項を書いても、法律上の効力（強制力）を持たない。

●遺言でできること

遺言で決めることができることのうち、主なものは次の事項である。

遺言でしかできないこと

①相続分の指定（↓136頁）
②遺産分割方法の指定、分割の禁止（↓144頁）
③遺贈
④遺贈の持戻し免除
⑤複数の遺贈間、同時になされた複数の贈与間の遺留分侵害額請求の順序の指定
⑥遺言執行者の指定
⑦未成年後見人、未成年後見監督人の指定

遺言でも、生前の行為でもできること

⑧廃除、廃除の取消し（↓133頁）
⑨認知
⑩贈与の持戻し免除
⑪祭祀主宰者の指定
⑫配偶者居住権（↓150頁）の設定
⑬信託の設定

なお、法律で定められた以外のことを書いたら遺言が無効になるわけではない。例えば、「きょうだい仲良く、孝養を尽くせ。」という内容は、遺言者の意思として尊重されることが期待されるが、この内容を法律上強制することはできない。その意味で法律上の効力はないが、これにより他の条項が無効になったり遺言自体が無効になることはない。

法定相続人以外を相続人に指定するもの、遺留分割合を指定し、あるいは遺留分自体を認めない遺言は無効である。

◉遺言書の作り方

遺言の仕方としては、大別して通常の方式と、特別の方式（伝染病で隔離されている場合や、死期が迫っている場合、遭難船に乗っている場合のように特殊な状況における特別な遺言の仕方）に分けられる。通常の方式には、①自筆証書遺言、②秘密証書遺言、③公正証書遺言があり、①自筆証書遺言か③公正証書遺言が一般的である。

自筆証書遺言は、全文を自筆で書き、日付を入れて、署名・押印する。「遺産目録」の部分は手書きでなくてもかまわないが（パソコンで作成したり、通帳のコピーや登記事項証明書を添付することでもよい）、手書きでない目録は各ページに署名・押印しなければならない（民法968条）。封入、封印は必ずしも必要ない。

自筆証書遺言を含め公正証書以外の遺言は、家庭裁判所で「検認」という手続をとらないと遺言の執行（遺言内容を実現すること。相続登記や預金の解約・名義変更等）ができない（ただし、次に述べる自筆証書遺言保管制度により法務局に保管されている自筆証書遺言は「検認」手続は不要）。また、封印のある遺言書は家庭裁判所で相続人またはその代理人立会いのもと開封しなければならない。これらに違反すると「過料」に処せられる（以上、民法1004条、1005条）。

公正証書遺言は、公証人に作成を依頼する。遺言者が2人以上の証人の立会いのもとで、公証人の面前で遺言内容を告げ、それを公証人が公正証書にする。耳が不自由な人や話すことができない人は、手話通訳や筆談によることもできる（民法969条、969条の2）。

公正証書遺言の原本は公証役場に保管され（遺言者にはその写しである正本・謄本が交付される）、遺言者の死後、相続人は遺言の有無を照会することができる（遺言があれば謄本が交付される）。

このように、現行法では、遺言「書」はあくまで〝紙ベース〟であり、ビデオやその他の機器を使って録画や録音したものは、法律上は、「遺言」とは認められない（遺言者の意図を知る手がかりにはなるが、遺言としての法律上の効力はない。遺言者の思いを伝える手段として使うとしても、必ず紙ベースの遺言書が必要となる）。

遺言は遺言者ごとに個別に作成しなければならない。どんなに仲がよくても、夫婦が1通の遺言書で遺言（共同遺言）をすると、両者ともに無効になる（民法975条）。

◉自筆証書遺言保管制度

自筆証書遺言を法務局で保管する制度（「法務局における遺言書の保管等に関する法律」）。

保管してもらえる遺言は、法務省令で定める様式で作成する必要があり、封をしない状態で法務局に預ける。

保管を引き受ける法務局は指定された法務局に限られ、そのうち住所地・本籍地・遺言者が所有する不動産所在地のいずれかを管轄する法務局に保管を依頼する。遺言者は法務局に出頭する必要があり、本人確認がなされる。

保管の申請には、遺言書原本のほか、申請書、本人確認書類（免許証等の顔写真付きの公的証明書）、本籍・戸籍筆頭者の記載のある住民票（マイナンバー・住民票コードの記載のないもの）、手数料（収入印紙3900円）が必要。

いったん保管されたのちに保管を撤回し、遺言書を返還してもらうことも可能（保管遺言についても後の遺言で撤回することは可能であるが、トラブル防止のためには保管の撤回をして破棄しておくのがベターであろう）。

相続人は、遺言者の死亡後、保管の有無の照会、遺言書の写しの交付や閲覧を求めることができ、相続人のうちの一人に写しの交付・閲覧がなされたら、他の相続人に遺言が保管されていることが通知される。

なお、法務局に保管されていた自筆証書遺言については、「検認」手続が不要になる。

法務省のホームページ（https://www.moj.go.jp/MINJI/minji03_00051.html）に詳しい説明がある。

◉「相続させる遺言」

正式には『**特定財産承継遺言**』という名称で、特定の相続人に対して特定の遺産を取得させる内容の遺言をいう（民法１０１４条2項）。例えば、『不動産はすべて長男に、〇〇の株式はすべて長女に相続させる。』というもの。遺産分割の手続を経る必要がなく、直接に遺産が指定された相続人に承継される。法律上は、遺産分割方法の指定であるとされるが、法定相続分と異なる結果になるときは、あわせて相続分の指定がなされたことになる。

◉遺贈

遺贈とは、遺言で、遺産を分け与えること。これにより、相続人ではない人にも遺産を承継させることができる。法律上は相続人に対してもすることができるが、相続人には、通常は右の「相続させる遺言」によっている。

遺贈には特定の財産（例えば『〇〇の土地』）を遺贈するもの（**特定遺贈**）と、遺産に対する一定割合（＊）を遺贈するもの（**包括遺贈**）がある。包括遺贈では遺贈を受けた人（受遺者）は相続人と同一の権利義務を有するので（民法９９０条）、相続人とともに遺産分割協議をしなければならないし、負債も承継する。

（＊）遺産全部を遺贈することもできる（全部包括遺贈）。この場合は、遺産分割協議の必要はない。

なお、遺言者より受遺者（財産をもらう人）のほうが先に死んだときは、その遺贈は効力を生じない（当該遺贈はないものと扱われる。民法９９４条）。受遺者の相続人のものになるわけではない。そのような結果を避けたいなら、遺贈に順位をつけることはできるので、『甲不動産はＡに遺贈する。相続開始以前にＡが死亡しているときは、Ｂに遺贈する。』（補充遺贈）としておけば、Ａが死亡したときにはＢが受遺者になる。

Column

遺贈と「相続させる遺言」

法律上は、遺贈は、法定相続人に対しても、第三者に対しても可能である。立法当初は、法定相続人に直接、遺産を取得させるには「(特定) 遺贈」しかないと考えられていたが（それ以外は、必ず遺産分割手続が必要）、公証実務で「相続させる遺言」という方式があみ出され、これで直接遺産を取得させることが認められると、相続人には「相続させる遺言」、第三者には「遺贈」という区分けが定着した。そのため、遺贈は第三者に限るという誤解も生じたよう。

相続人には「相続させる遺言」が圧倒的になったのは、不動産登記の登録免許税が、相続は6／1000（現在は4／1000）、遺贈は25／1000（同20／1000）と、相続の方が安かったこと、「相続させる遺言」はもらった人が単独で登記できることが理由だったが、その後、登録免許税は相続人への遺贈の場合は相続と同率になり、登記手続も最近の改正で相続人への遺贈では遺贈を受けた相続人が単独で登記申請できるようになったため、現在では、相続人に関する限りでは両者の違いはほとんどなくなった。遺留分における取扱いも同じである。ただ、「配偶者居住権」は「遺贈」によるべきで、「相続させる遺言」では不可とされている。

◉負担付き遺贈

受遺者に一定の義務（負担）を負わせる遺言（民法1002条）。例えば、「自宅をAに遺贈するが、AはBに100万円支払え」というもの。

受遺者（上記の例ではA）が負担を履行しない場合、利益を受ける者（B）は受遺者に負担の履行（100万円の支払い）を請求することはできない（請求できるとする説もある。遺言執行者は請求できる）。相続人は受遺者に負担の履行を催告し、それでも履行がないときは家庭裁判所に負担付き遺贈の取消しを請求できる（民法1027条）。

受遺者が負担付き遺贈を放棄したら、遺言者が異なる意思表示をしていない限り、負担の利益を受ける者が受遺者となることができる（民法1002条2項。その権利を放棄することも可能）。

Column

後継ぎ遺贈と裾分け遺贈

補充遺贈に似たものに後継ぎ遺贈がある。「甲不動産はAに遺贈する。Aが承継した後にAが死亡したときはBに遺贈する。」という遺言であるが、遺産がAに行った更にその後の行き先まで指定することはできないとして、無効だと考えられている。

裾分け遺贈とは、「甲不動産はAに遺贈する。ただし、AはBに100万円を支払うこと。」という遺言で、これは前述の負担付き遺贈とされ、有効と考えられている。

◉遺贈の承認・放棄

受遺者が遺贈を望まないときは、遺贈を放棄することができる。特定遺贈はいつでも放棄することができ、その形式に定めはない（民法986条1項）。遺贈された財産が複数あるときは個別に放棄（一部放棄）することができるが、遺言で禁じているときは一部放棄はできない。包括遺贈は受遺者は相続人とみなされる結果、その放棄は、相続放棄の手続に準じて、自己のために相続開始があったことを知った時から3か月以内に家庭裁判所へ放棄の申述をしなければならない（民法915条、938条）。

◉遺言の効力

遺言は遺言者の死亡によって効力を生じる（民法985条1項）。遺言者の生前には何の効力もない。

遺言が複数ある場合は、それぞれ有効である。前後の遺言で**抵触**（矛盾）がある場合に限り、その限度で後の遺言が優先する（民法1023条1項）。常に最終の遺言だけが効力を持つわけではない。遺言者が生前に遺言に抵触する行為をしたとき（例えば、「○○に相続させる」とした土地を遺言者が売却した場合。同条2項）、遺言の目的物を故意に壊したとき（民法1024条後段）は、当該遺言部分を撤回したものと見なされる。もっとも、先の遺言を撤回したいときは、遺言書自体を「破棄」するなり、後の遺言で明確に「**撤回**」しておくのがよい。

Column

遺言書の破棄と撤回

遺言者が故意に遺言書を破り捨てたら（「破棄」）、その遺言を撤回したものと見なされる（民法1024条前段）。紙面全体を朱線で「×」としたときも破棄したものと考えられる（最判平成27年11月20日民集69－7－2021）。

これに対して公正証書遺言は、公証人からもらった正本や謄本を破り捨てても撤回とはみなされない。これらは写しで原本は公証役場にあるから、遺言（これは公正証書でも自筆証書で

――もよい）で明確に撤回しておく必要がある。

◉検認

遺言書の状態を確認し、以後の変造等を防ぐための手続（民法１００４条）。これによって、遺言の有効・無効が決まるわけではない。検認は、遺言書の保管者に申立てにより家庭裁判所が行う。保管者が速やかに検認の申立てをしなかったり、検認を経ずに遺言の執行をすると「過料」に処せられるので、注意を要する。

公正証書遺言、法務局に保管された自筆証書遺言は、検認手続は不要である。

◉遺言の執行

遺言の内容を実現することを「遺言（の）執行」という。遺言書に基づく登記、目的物の引渡し、預金の名義変更・解約などの手続きを行うこと。

◉遺言執行者

遺言執行者とは、遺言の執行を担当する人である。遺言の執行に必ず必要とするわけではないが、遺言内容の実現に相続人の協力が期待できない場合には、執行者がいるほうがスムーズにいく。相続人による妨害を排除するのは執行者の方が適任といえる。

遺言執行者は、①遺言で指定（あるいは指定を第三者に委託）できるほか（民法1006条）、遺言による指定がないとき、指定された者が就任を承諾しないときは、②家庭裁判所に選任を求めることができる（利害関係人の申立による。民法1010条）。

なお、遺言執行者がある場合は、遺贈の履行は遺言執行者だけができる（相続人はタッチできない）。

遺言執行者の報酬は、遺言に定めがあるときはその定めにより、定めがないときは家庭裁判所が決める（民法1018条）。この報酬は、相続財産の負担となる（民法1021条）。

◉相続登記等はどうするか？

『特定財産承継遺言』の場合（相続登記）は、当該財産をもらった相続人（受益相続人）が単独で登記申請をすることができる（遺言執行者がいる場合は、遺言執行者も単独で登記申請することができる）。

遺贈の場合（遺贈の登記）は、相続人全員（遺言執行者がいる場合は遺言執行者）と受遺者との共同申請による（＊）。相続人が登記に協力してくれるとは限らないので、遺贈する場合は遺言で遺言執行者を定めておくのがベターである。遺言で定められていない場合で相続人が協力してくれないときは、受遺者は家庭裁判所に遺言執行者の選任を求めるのがよい（＊＊）。

（＊）相続人が受遺者の場合は、当該相続人が単独で所有権移転登記ができる。

（＊＊）遺言執行者の選任を求めない場合は、受遺者は相続人を相手取り登記を求める裁判を起こすほかない。

◉遺言により取得した預金の払戻はどうするか？

『特定財産承継遺言』により預金を取得した場合、受益相続人がその取得を銀行等へ主張するには、取得したことを銀行に通知するか、銀行が承諾しなければならない。通知は、遺言執行者からするか（相続人全員からでもよいが、実際上は期待できない）、受益相続人が遺言の内容を示して通知する（民法899条の2第2項）。払戻は、受益相続人でも遺言執行者でもできる。

遺贈の場合も、上記の通知または承諾が必要であるが、通知は遺言執行者か相続人全員からする必要があり、受遺者から通知することはできない（銀行が「承諾」すればよいが）。払戻は受遺者がするのが原則で、遺言執行者は遺言で払戻権限が与えられている場合に限りできると解されている（したがって、遺言で遺言執行者を指定するなら、預金の払戻・解約権限も付与しておく）。

おわりに

遺言があるために起きなくてよい争いが起きる例を度々目にしてきた。その多くが、相続人の働きかけによる〝書かされ遺言〟である疑いが濃厚であると感じる。情にほだされ、あるいは根負けして書いたのかも知れないが、自発的でない遺言は紛争を呼ぶこと必定である。

他方で、最近は、比較的若い年代の方々からご自身の遺言について相談を受けることが増えてきたが、相続人が配偶者と子どもだけの標準的な家庭では、わざわざ遺言をするまでもなく法定相続（民法の規定による解決）でカタがつくし、遺言が効力を生じる、すなわち遺言者が亡くなるまでにはかなりの時間があり、様々な可能性に対応しようとすると遺言が複雑になってしまうので、「まあ、もう少し考えられたらどうですか」と答えることになる。

そんな折り、インタビュー（V章）で触れた潮見佳男教授（惜しくも昨年逝去された）の分析に接して、思わず膝を打った。それまで、怪しげな遺言でも、よほどのことがない限り無効とされない裁判実務にモヤモヤしつつも、「遺言者の最終意思」であるから仕方ないか、と自分を納得させていたが、どうもそれは半世紀前の教育による刷り込みのようであった。無理に遺言を奨励する必要はなく、民法の規定こそが原則型と思えばよい！

まあ、己の不勉強を白状するようなものであるが、本書を思いたったきっかけである。

いずれにしても、遺言は、遺言者の意思を押しつけるものである。きつい言い方をすれば、遺言者のエゴである。けっして相続人のためにするものではない。〝争続〟を避けるという安易な発想は捨てたほうがよい。もちろん、遺言をすべて否定するつもりはないし、遺言が必要な場合もある。

しかし、遺言の本質をそのように捉え直してみる必要があるだろう。そうすれば、いかなる場合に遺言をするべきかが見えてくる。重ねて言うが、〝書かされ遺言〟は、くれぐれもしないように。断る勇気がなければ呪文を唱えて欲しい。「遺言書は死んでも書くな」、と。

Ⅰ章の各ケースはライターの方（ご本人のご意向によりお名前は伏せておきます）にお手伝いいただいた。挿絵を担当していただいたシロコさんともども、御礼申し上げる。

また、千倉書房取締役の川口理恵さんには企画の段階から大変お世話になった。本書が形をなしえたのは、ひとえに川口さんのご尽力の賜である。記して感謝申し上げたい。

そして、最後までお付き合いいただいた読者の皆様、本当にありがとうございました。

２０２３年８月

額田洋一

■著者紹介

額田　洋一（ぬかだよういち）
弁護士
1956年　岡山県生まれ
1981年　中央大学法学部卒業
1983年　弁護士登録（第二東京弁護士会所属）
最高裁判所家庭規則制定諮問委員会幹事、司法研修所教官、山梨学院大学法科大学院教授などを務めた。

主要著書等
『成年後見実務マスター』（新日本法規、2023年）
『Q＆A成年後見の財産管理』（学陽書房、2012年）
『よくわかる成年後見と介護･相続の法律百科【第2版】』（編著）（三省堂、2007年）
『こうして使おう新成年後見制度【第2版】』（税務経理協会、2006年）
『身近な成年後見制度－老後の財産管理はどうしますか？』（監修）（千倉書房、2006年）
『Q＆A成年後見制度解説【第2版】』（共編著）（三省堂、2003年）
『くらしの相談室　遺言書の書き方Q＆A【新版】』（共著）（有斐閣、2000年）

■イラスト

シロコ
1960年　東京生まれ
子供のころから漫画が大好き。
主婦をするかたわら趣味の延長でイラストレーターを時々している。
2017年から始めたインスタグラムから書籍『アラカン主婦の毒吐き日記』㈱ぴあ発行。

遺言書は死んでも書くな

2023年10月 6 日　初版第1刷

著　者　額田洋一
発行者　千倉成示
発行所　株式会社 千倉書房

〒104-0031　東京都中央区京橋 3-7-1
TEL 03-3528-6901／FAX 03-3528-6905
https://www.chikura.co.jp/

印刷・製本　藤原印刷株式会社
イラスト　シロコ
装丁デザイン　冨澤　崇

Printed in Japan
ISBN 978-4-8051-1303-5　C0032